Yuangong Liyi

员工礼仪

国网浙江省电力公司 组编

中国电力出版社

内 容 提 要

本书共分八章，融合了礼仪知识的经典内容，以礼仪知识实用性和指导性图片为主线，介绍的礼仪内容涵盖礼仪常识、个人礼仪、办公礼仪、交流礼仪、社交礼仪、餐饮礼仪、出行礼仪和出国礼仪等，以国家电网浙江省电力公司员工面貌为出发点，运用了很多一线员工的图片，形象、直观地展现了礼仪知识的应用。

每章包含的知识要点简明扼要、精准到位，既契合主题又强化了礼仪知识点，可有效提升国家电网员工学习礼仪知识的能力。

本书可作为企业员工礼仪培训用书，也可供礼仪相关专业的人员和礼仪爱好者阅读参考。

图书在版编目（CIP）数据

员工礼仪 / 国网浙江省电力公司组编 . — 北京：中国电力出版社，2017.9（2022.11重印）
ISBN 978-7-5198-0436-7

Ⅰ.①员… Ⅱ.①国… Ⅲ.①礼仪－基本知识 Ⅳ.① K892.26

中国版本图书馆 CIP 数据核字（2017）第 035870 号

出版发行：中国电力出版社
地　　址：北京市东城区北京站西街 19 号（邮政编码 100005）
网　　址：http://www.cepp.sgcc.com.cn
责任编辑：孙　芳（010-63412381）张　妍
责任校对：太兴华
装帧设计：赵姗姗　王英铭
责任印制：石　雷

印　　刷：北京瑞禾彩色印刷有限公司
版　　次：2017 年 9 月第一版
印　　次：2022 年 11 月北京第十次印刷
开　　本：880 毫米 ×1230 毫米 32 开本
印　　张：4.125
字　　数：93 千字
印　　数：14501—16500 册
定　　价：39.00 元

版 权 专 有　侵 权 必 究

本书如有印装质量问题，我社营销中心负责退换

《员工礼仪》编委会

主　　任	朱维政　沈跃建　吕　坚
副 主 任	徐　林　汪　斌　赵春源　沈灵兵　徐以章
委　　员	顾建明　钱　隽　龚传华　曹国民　俞利健
	完泾平
主　　编	陈清清　李　霞
演示人员	曹国民　陈　峰　陈清清　徐　开　秦英杰
	孙建军　金哲皓　谢　意　毕士凡　陈　华
摄　　影	高洪宇　陈渠颖
技术支持	吴少华　蒋丽娟　倪　红　姚　珺

前　言

　　礼仪是人类文明的产物，中华民族素有"礼仪之邦"的美称，礼仪直接体现了一个人的素质与修养。孔子曰："不学礼，无以立。"礼仪是做人的道理而非做事的流程，其关键是表达我们对他人的尊重、赞赏和关爱，和谐人际关系，人们的礼仪能力与学识、智慧同样重要。

　　随着礼仪知识的推广与普及，在企事业单位进行礼仪系列课程的推广与培训已成为共识，为不断提升国家电网公司员工的职场形象，特编写本书。

　　本书融合了陈清清、李霞多年来的礼仪教学经验，得到了国家电网公司总部、国网浙江省电力公司、国网浙江省电力公司培训中心相关领导的鼓励和支持，听取了礼仪专家、学者的建议，参考了相关学者的著作和论述，同时在本书工作场景图片拍摄中，得到了国网浙江省电力公司员工的大力支持，在此，对所有给予我们支持和帮助的人们表示深深的谢意！

　　由于编者水平有限，望广大同行不吝赐教，及时指出本书的疏忽和不足。

编者

2017年8月

目 录

前言

第一章 礼仪常识

1. 礼仪的含义 ／ 2
2. 礼仪的种类 ／ 2
3. 对礼仪的理解 ／ 2
4. 现代礼仪的性质 ／ 3
5. 礼仪的特征 ／ 3
6. 现代礼仪的理念 ／ 3
7. 对尊重的理解 ／ 4
8. 现代礼仪的运用原则 ／ 4
9. 礼仪通用原则 ／ 5
10. 热情待人尺度的把握 ／ 5
11. 在现代社会中，礼仪的功能 ／ 6
12. 在现代社会中，礼仪的作用 ／ 6
13. 在现代社会中，礼仪的基本内容 ／ 6
14. 礼仪修养的相关内容 ／ 7
15. 礼仪修养的特征 ／ 7
16. 提高礼仪修养的方法 ／ 8
17. 礼仪是知识到文化的进步 ／ 8

    案例分析 ／ 9

第二章 个人礼仪

1. 女士化妆时应注意的细节 / 12
2. 办公室男士的形象 / 12
3. 办公室女士的形象 / 13
4. 员工胡须和毛发的规范要求 / 14
5. 员工着装应遵守的基本原则 / 15
6. TPO 原则的具体运用 / 16
7. 男士穿西装的注意事项 / 16
8. 男士戴领带的注意事项 / 17
9. 女士着装的基本原则 / 18
10. 佩戴首饰的基本原则 / 19
11. 男、女士站姿 / 20
12. 男、女士坐姿 / 21
13. 男、女士走姿 / 23
14. 男、女士蹲姿 / 23
15. 女士上、下车姿势礼仪 / 24
16. 指引性的手势语 / 25
17. 微笑时的注意事项 / 26
18. 鞠躬礼仪 / 26
19. 与人交往，注视礼仪的区域 / 27
20. 在公众场合的不雅动作 / 27

    案例分析 / 29

第三章 办公礼仪

1. 见面礼节 / 32
2. 介绍礼仪 / 32

3. 自我介绍 / 33
4. 适合进行自我介绍的场合 / 33
5. 介绍他人的顺序 / 34
6. 握手礼仪 / 34
7. 握手时要注意的顺序 / 35
8. 电话礼仪 / 36
9. 引导礼仪 / 36
10. 倾听他人讲话的注意事项 / 37
11. 递送名片的时机 / 38
12. 递送名片的注意事项 / 38
13. 接名片的步骤与注意事项 / 39
14. 办公室接待的礼仪要点 / 39
15. 与同事交往的礼仪 / 39
16. 办公室礼仪相关禁忌 / 40
17. 办公室交谈选择的话题内容 / 40
18. 办公交谈应遵循的"五要"和"五不要"的内容 / 41
19. 在办公场所公共洗手间的行为礼仪 / 41
20. 进出办公室房间的礼仪 / 42
21. 办公室用餐的注意事项 / 42
    案例分析 / 43

第四章 交流礼仪

1. 交流的注意事项 / 46
2. 人际交往中问候的内容 / 46
3. 人际交往中彼此问候的形式和顺序 / 46
4. 致意礼的基本要求 / 47

5. 员工之间交流的不雅行为 / 47
6. 合十礼、拱手礼、鞠躬礼、拥抱礼的基本要求 / 48
7. 员工交流中涉及递接物品的礼仪要点 / 49
8. 东西方见面的礼节 / 50
9. 见面的称呼 / 51
10. 见面称呼的忌讳 / 51
11. 见面寒暄的距离把握与问候类型 / 52
12. 汇报工作的注意事项 / 52
13. 听、说、问的礼节性工作 / 53
14. 办公场合递物不雅动作 / 53
15. 公务交谈忌讳的话题 / 54
16. 工作场合会谈提问的技巧 / 54
17. 交谈的礼貌用语 / 55
18. 使用电话的礼仪要点 / 56
19. 办公场合电话交谈的禁忌 / 57
20. 办公场合员工交流的手势与表情的要点 / 57
21. 员工使用手机的注意事项 / 58
22. 员工给领导服务的要点 / 59
23. 收发邮件主题内容与回复规则 / 59
24. 收发邮件的称呼语和附件使用规范 / 60
25. 办公场合用社交软件的注意事项 / 60
26. 给领导发邮件、发短信的礼节规范 / 61
27. 电话汇报工作的礼仪规范 / 61

  案例分析 / 62

第五章 社交礼仪

1. 员工集体观影的注意事项 / 64
2. 员工在图书馆的礼仪要点 / 64
3. 员工在图书馆不好的表现行为 / 65
4. 员工在体育场所锻炼的注意事项 / 66
5. 员工在休闲场所游览、参观的礼仪要点 / 66
6. 员工旅游观光的注意要点 / 66
7. 员工听音乐会的注意事项 / 67
8. 员工集体参观的礼仪要点 / 67
9. 员工看比赛的注意事项 / 68
10. 员工出国购物、参观、旅游的礼仪要点 / 69
11. 员工之间庆祝升职的礼节 / 69
12. 员工探望住院同事的礼节要点 / 70
13. 员工之间相互馈赠礼物的礼节要点 / 70
14. 员工送礼的礼物选择要点 / 71
15. 员工馈赠字画和工艺品的注意事项 / 72

    案例分析 / 73

第六章 餐饮礼仪

1. 赴宴礼仪 / 76
2. 中餐就座，尊位安排方法 / 76
3. 赴宴时的个人形象 / 77
4. 用餐礼仪 / 77
5. 中餐点菜礼仪 / 77
6. 餐巾礼仪 / 78
7. 筷子礼仪 / 78
8. 自助餐的注意事项 / 79

9. 西餐桌次安排 / 80
10. 西餐的摆台要点 / 81
11. 西餐的上菜顺序 / 82
12. 西餐用餐礼仪 / 82
13. 吃西餐时的注意事项 / 83
14. 西餐刀叉使用的注意事项 / 84
15. 吃甜点水果时的注意事项 / 85
16. 吃海鲜时的注意事项 / 85
17. 饮酒礼仪 / 86
18. 饮茶的礼仪 / 87
19. 喝咖啡的注意事项 / 87
    案例分析 / 89

第七章　出行礼仪

1. 出行的"四尊三上"理念 / 92
2. 员工乘坐公交的基本礼仪 / 92
3. 员工乘坐地铁的基本礼仪 / 92
4. 员工乘坐飞机的基本礼仪 / 93
5. 员工乘坐火车的基本礼仪 / 94
6. 员工乘坐轿车的基本礼仪 / 94
7. 与同事、领导乘坐轿车出行的基本礼仪 / 95
8. 员工乘电梯的基本礼仪 / 96
9. 员工乘电梯的不好行为和习惯 / 96
10. 员工乘公共电梯的注意事项 / 97
11. 员工乘船外出的基本礼仪 / 98
12. 员工集体乘坐大巴车出行排序的礼节规范 / 98
13. 员工与领导一起外出住宿的注意事项 / 99

14. 办理住宿酒店的基本礼仪 / 99
15. 宾馆礼仪 / 99
16. 使用宾馆内体育和娱乐设施的注意事项 / 100
17. 员工在宾馆住宿的着装、与人交谈礼仪 / 100
18. 员工住宾馆处理赠品的注意事项 / 100
    案例分析 / 101

第八章　出国礼仪

1. 到美国应注意的事项 / 104
2. 到加拿大应注意的事项 / 105
3. 到墨西哥应注意的事项 / 106
4. 到巴西应注意的事项 / 107
5. 到以色列应注意的事项 / 107
6. 到俄罗斯应注意的事项 / 108
7. 到英国应注意的事项 / 109
8. 到德国应注意的事项 / 110
9. 到法国应注意的事项 / 111
10. 到意大利应注意的事项 / 112
11. 到韩国应注意的事项 / 113
12. 到日本应注意的事项 / 114
13. 到印度应注意的事项 / 115
14. 到沙特阿拉伯应注意的事项 / 116
15. 到澳大利亚应注意的事项 / 116
16. 到新西兰应注意的事项 / 117
17. 到南非应注意的事项 / 118
18. 到埃及应注意的事项 / 118
    案例分析 / 120

第一章 礼仪常识

Chapter One

1. 礼仪的含义

礼仪是指人们以约定俗成的方式来表达对人尊重的行为规范，展示的是个人良好修养。礼是礼貌、礼节，仪是仪式、仪表。

孔子云："礼者，敬人也。"礼仪强调在交往中给予对方尊重的表达，以及在交往环境中恰当地展示自我修养。

2. 礼仪的种类

现代礼仪大致可分为以下几种，具体内容见表1-1。

表1-1　　　　　　　　礼仪的分类

礼仪的类型	具体内容
按性质分	个人礼仪、家庭礼仪、社交礼仪、公务礼仪、公关礼仪、商务礼仪、外事礼仪、旅游礼仪、求职礼仪、宗教礼仪等
按场合分	家庭礼仪、学校礼仪、办公室礼仪、公共场所礼仪等
按身份分	教师礼仪、学生礼仪、公职人员礼仪、主持人礼仪等
按表现形式分	交谈礼仪、待客礼仪、书信礼仪、电话礼仪等

3. 对礼仪的理解

对礼仪的理解见表1-2。

表1-2　　　　　　　　对礼仪的理解

序号	角度	理解
1	修养	礼仪是一个人的内在修养和素质的外在表现
2	道德	礼仪是为人处世的行为规范或标准做法
3	交际	礼仪是人际交往中适用的一种艺术，也可以说是一种交际方式
4	民俗	礼仪是在人际交往中约定俗成的待人以尊重的惯例
5	传播	礼仪是一种在人际交往中相互沟通的技巧
6	审美	礼仪是一种形式美，它是人的心灵美的必然的外化
7	团体	礼仪是企业文化的重要内容，是企业形象的主要附着点

4. 现代礼仪的性质

现代礼仪基本上属于社会公德的范畴，作为人们行为的规范和准则，与社会道德有着紧密的关系，是我国社会主义精神文明建设的重要内容之一。礼仪性质内容见表1-3。

表1-3　　　　　　　　　礼仪性质内容

理解礼仪性质
- 维护人与人之间互相尊重、合作互助关系的规范
- 保护人与人之间正常交往的行为规范
- 维护公共秩序、设施、卫生、安全的规范
- 保证人们礼貌交往、友好沟通感情的规范
- 维护人与自然关系的规范

5. 礼仪的特征

礼仪作为一种文化现象和社会交往的规范，具有的特征见表1-4。

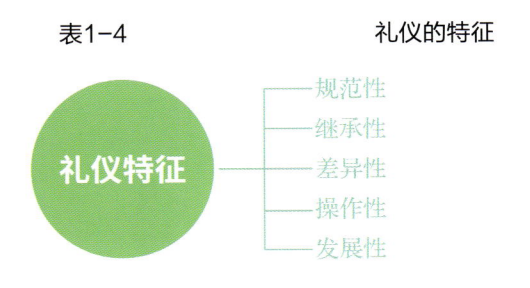

表1-4　　　　　　　　　礼仪的特征

礼仪特征
- 规范性
- 继承性
- 差异性
- 操作性
- 发展性

6. 现代礼仪的理念

礼的核心是尊重，仪是规范表达。

礼仪作为交往的艺术，重在结交，强调互动。现代礼仪的理念是尊重，其内容见表1-5。

表1-5　　　　　　　　礼仪的理念

礼仪的理念是尊重
- 尊重对方，以对方为中心，自尊自爱
- 善于表达，把尊重和友善表达出来，宽以待人
- 沟通形式规范，有良好互动

7. 对尊重的理解

与他人相处中，互相尊重使我们能以己之心去体悟别人的合理要求，学会并更好地为别人着想。尊重所有人是一种教养。尊重的层次和表现见表1-6。

表1-6　　　　　　　　尊重的层次和表现

序号	理解尊重	内　　容
1	尊重的层次	尊重自己、尊重他人、尊重单位、尊重职业、尊重公众
2	尊重的表现	对人友好、真诚、平等、善良热情
		对事专业、自信、乐观、积极

尊重展示如图1-1所示。

图 1-1　尊重自己和尊重单位的展示

8. 现代礼仪的运用原则

礼仪运用原则见表1-7。

表1-7　　　　　　　　　礼仪运用原则

序号	角度	原　　则
1	律己	礼仪首先讲究自我约束、自我控制
2	敬人	敬人之心常存，处处不可失敬于人
3	宽容	运用礼仪，既要严于律己，更要宽以待人
4	平等	对交往对象一视同仁，给予同等的礼遇
5	真诚	礼仪的运用讲究诚实无欺、言行一致、表里如一
6	适度	应用礼仪时要注意把握分寸等技巧及其规范
7	从俗	入乡随俗，与绝大多数人的习惯做法保持一致

9. 礼仪通用原则

礼仪通用原则包括尊敬、真诚、谦和、宽容、适度原则，具体的内容见表1-8。

表1-8　　　　　　　　礼仪原则的具体内容

原则	含义与运用
尊敬原则	尊敬是礼仪的情感基础
真诚原则	真诚有益于双方合作愉快
谦和原则	谦和既是一种美德，也是合作愉快的重要条件
宽容原则	宽以待人，态度豁达
适度原则	适度的距离能够使人相处和谐、融洽

10. 热情待人尺度的把握

"度"即分寸，以不影响对方、不妨碍对方、不给对方增添麻烦、不令对方感到不快、不干涉对方私生活为限。

把握"热情有度"的原则，主要体现为四个方面的"度"，内容见表1-9。

表1-9　　　　　　　　　热情有度的原则内容

四个"度"	内容
关心有度	适度关心、规劝,以不侵犯个人自由为上
批评有度	适度指出错误问题,不横加干预太多
距离有度	尊重私人空间又不太冷淡
举止有度	避免动作过于亲密随意,引起误会

11．在现代社会中,礼仪的功能

礼仪是人际交往的润滑剂,礼仪的功能可以从个人和社会两方面认识,其内容见表1-10。

表1-10　　　　　　　　　礼仪的功能内容

角度	功能
个人	提高人们的自身修养
	在社会交往中得到尊重
社会	协调维护社会秩序
	体现和谐社会
	展示社会文明
	沟通、协调人际关系

12．在现代社会中,礼仪的作用

在当前礼仪具有十分重要的作用,体现为:
(1)礼仪是人们相互交往的行为准则。
(2)礼仪是塑造社交形象的重要手段。
(3)礼仪是促进国际交流与合作的有力措施。

13．在现代社会中,礼仪的基本内容

现代社会中,礼仪内容包括很多,具体内容见表1-11。

表1-11　　　　　　　　礼仪的内容

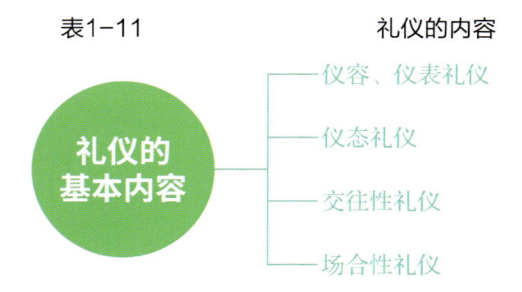

礼仪的基本内容
- 仪容、仪表礼仪
- 仪态礼仪
- 交往性礼仪
- 场合性礼仪

14. 礼仪修养的相关内容

礼仪修养规范着人们的礼仪行为，包括：

（1）道德修养。礼是道德规范的外在表现形式，道德是做人的根本，它反映了礼的高境界追求。

（2）塑造性格。性格是一个人对待事物及生活稳定的态度和习惯行为方式。

（3）风度与气质。风度，是指人的美好的言谈举止和心态。它通过人的面部表情、言谈举止和服饰打扮等外在形式表现出来。

（4）审美修养。即人们对美的发现、理解、把握及创造等。

15. 礼仪修养的特征

礼仪修养是人内在的思想、道德、文化的反映和折射。

礼仪修养是一个长期的积累过程，礼仪修养特征见表1-12。

表1-12　　　　　礼仪修养特征的具体内容

礼仪修养特征
- 同时性：文化、审美、行为修养等同时起作用
- 多样性：对礼仪的认知、理解和应用上存在区别
- 重复性：反复学习和实践达到行为自觉程度
- 实践性：礼仪修养适应社会实践的要求来推广
- 渐进性：寓礼仪精神于细微之中，从身边的点滴小事做起

16. 提高礼仪修养的方法

（1）自觉学习礼仪，提高认识，多自我解剖，从思想上提高礼仪修养水平。

（2）积极参加社交实践活动，从操作性和实践性方面提高礼仪修养水平。

（3）通过书籍、网络等途径广泛阅读艺术作品和科学文化知识。

（4）多方面寻找学习与模仿的榜样，借鉴他人弥补自身不足。

礼仪修养展示如图1-2所示。

图 1-2　礼仪修养展示

17. 礼仪是知识到文化的进步

（1）知识可以学习而文化无法复制，从知识到文化是一个素质提高的过程，这个过程的建立更多的是在和谐共融的社会性礼仪修养推广和使用上。

（2）遵从礼仪规范，可以有效地展现其教养、风度与魅力，更好地体现出对他人和社会的尊重程度。

（3）礼仪是社会生活和交往的需要。

（4）礼仪习惯的培养体现了当代社会引导民众从知识到文化的一个过程，这恰好是社会进步的重要方面。

案例分析

孙岳从县电力公司抽调到省电力公司帮工一个月,省电力公司几个办公室人员发现孙岳是个爱笑、很乐于助人的小伙子。他每天上班工作服穿戴很整齐,见到任何一个员工或者领导都亲切微笑、点头问候,走路轻,递物总是双手,手势做得大方,大家有需要帮助时他总是愉快答应,大家都给他点赞。你认为孙岳是个很有礼仪修养的人吗?

第二章 个人礼仪

Chapter Two

1. 女士化妆时应注意的细节

（1）发际和眉毛上是否沾着粉底霜。

（2）双眉是否对称，是否与脸型匹配。

（3）眼影的化妆效果是否均匀、自然、和谐。

（4）开口笑的时候口形是否好看，避免牙齿上沾了口红。

（5）睫毛油涂得是否均匀，是否沾了粉底霜。

（6）香粉是否扑得太厚重，如果太厚，可用乳液将手打湿从上往下轻轻一按即可改过来。

（7）不要忽略颈部的化妆，切忌脸白脖子黄。

（8）不要借用他人的化妆品。

（9）切忌在大庭广众之下补妆。

（10）不要非议他人的妆容。

化妆的步骤如图2-1所示。

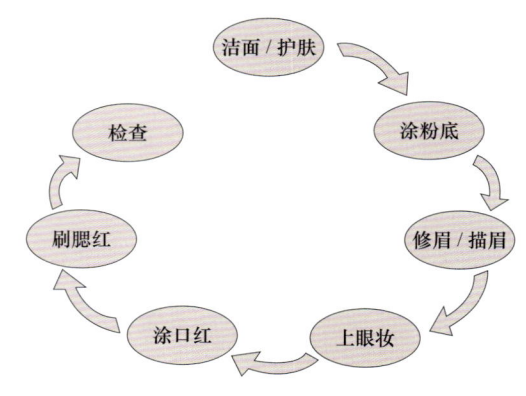

图 2-1　化妆的步骤

2. 办公室男士的形象

（1）男士每天刮胡子、勤剪鼻毛，定期修剪耳毛。

（2）夏季应该穿有领子、袖口的衣服。

（3）每天洗澡，勤换内衣和袜子，避免身体产生异味。

（4）建议每天换衬衣，不要穿领口、袖口有污渍的衬衣。

（5）男士至少一个月理一次发，勤洗头，发型符合自己的职业特征和身份地位，可以染发，但避免染成除了黑色、棕色以外的其他颜色。

（6）出门前，检查肩上有无头皮屑和落发。

（7）勤刷牙，清除口腔异味，保持口腔清新。

（8）在众目睽睽之下剔牙时，应用手遮挡，不能把牙签像烟嘴一样叼在嘴角。

（9）切忌在公共场所边走边提裤子、系皮带。

（10）说话语速保持在120字/分钟左右，方显稳重、自信。

办公室男士的形象如图2-2所示。

图2-2 办公室男士的形象

3．办公室女士的形象

（1）女士夏季要定期修剪腋毛，避免上班时间穿无袖衣服、吊带裙以及超短裙。

（2）每天洗澡，勤换内衣和袜子，避免身体产生异味。

（3）女士夏季不穿抽丝或破损的连裤丝袜。

（4）勤洗头，发型符合自己的职业特征和身份地位，可以染发，但避免染成除了黑色、棕色以外的其他颜色。

（5）出门前，检查肩上有无头皮屑和落发。

图2-3 办公室女士的形象

（6）勤刷牙，清除口腔异味，保持口腔清新。

（7）在公共场合剔牙时，应用手或餐巾纸遮挡。

（8）切忌在公共场所照镜子、涂口红、梳头发、打理衣服。

（9）说话语速保持在120字/分钟左右，方显优雅、从容。

办公室女士的形象如图2-3所示。

4．员工胡须和毛发的规范要求

办公室个人形象塑造应"从头做起"，清爽、整洁是对头发的基本要求：

（1）头发梳理整齐、大方，男士做到前不覆额、侧不掩耳、后不及领。

（2）男士头发不得剃光，也不宜留胡须。

（3）男士要养成定期剃须修面的好习惯，鼻毛、耳毛应经常检查，不要外露。

（4）办公室女士忌披头散发，应用发夹把头发夹好。

（5）在夏季，女士还应经常检查四肢及腋下不雅的毛发，及时予以去除。

办公室男、女士的发型如图2-4、图2-5所示。

图2-4 办公室男士的发型（一）

图 2-4 办公室男士的发型（二）

图 2-5 办公室女士的发型

5. 员工着装应遵守的基本原则

（1）TPO原则。是最基本的国际着装通行原则，所谓"TPO"，即时间（time）、地点（place）和场合（occasion）。

其基本含义就是穿衣打扮要有章法，着装一定要与当时的时间、地点及场合相适应。

（2）三色原则。三色原则是指在正式场合穿正式的套装或套裙时，全身颜色色系必须限制在三种以内。

对女士而言，"三色原则"包括发卡、围巾、首饰、套裙、鞋袜最好限制在三种颜色以内，最多不超过四种颜色。

另外，男士还应遵守"三一定律"，即鞋子、腰带、公文包应颜色一致，最好是黑色或棕色。

(3)整洁原则。无论什么场合,都应保持服饰的干净、整洁、清爽,衣扣齐全,衣服上既不能沾有污渍、油迹,也不能有破洞、补丁,更不能散发汗味与体臭。

(4)正式原则。在严肃正规的场合,应恪守稳重、正式的着装原则,既能塑造形象,也能体现尊重和修养。

6.TPO原则的具体运用

(1)与时间相适应。即在不同时间段的着装规则。在春、夏、秋、冬不同的时间里,在上班时间、下班休闲等不同的时间段里,着装的类别、式样、造型应有所变化。

(2)与地点相适应。不同的地方对于衣着的要求也是不同的,在旅游时穿沙滩鞋、沙滩裤很正常,在参加商务谈判时,则必须着正装、套裙。

(3)与场合相适应。各场合及适用服装见表2-1。

表2-1 各场合及适用服装

序号	场合	定义	适用服装
1	公务场合	指人们置身于工作地点,用于上班时间或正式的谈判、会议、交谈等	制服、套装、套裙、工作服等
2	社交场合	指人们置身于交际地点,用于在公共场合与熟人交往、共处的时间或参加聚会、拜访、宴请、舞会、音乐会等	时装、礼服、民族服装等
3	休闲场合	指人们置身于闲暇地点,用于在公共场合与不相识者共处的时间或居家、健身、旅游、娱乐、逛街等	家居装、牛仔裤、运动装、沙滩装等

7.男士穿西装的注意事项

(1)正式场合男士的西装里最好穿长袖衬衫,且不可以将衬衫的下摆露出来。短袖衬衫只适合非正式场合穿着。

（2）穿着三颗纽扣的西装时，只需扣上最上面和中间的扣子，或只扣中间一颗也可以；如果里面穿着西装背心，应将上衣的三颗扣子全部解开，西装背心最底下的一颗纽扣也不能扣上。如果是两颗纽扣的西装则只扣最上面的一颗，四颗扣子的则可以扣上面三颗或中间两颗。总之，单排扣西装最下面的那颗永远不扣；双排扣西装，应把扣子全扣上。"站时系扣，坐时解扣"是男士基本的西装礼仪。

（3）衬衫袖口一定要比西装袖口长1~2厘米。

（4）西裤在穿着前最好烫出两条笔挺的裤线。裤脚前面覆盖鞋中央，裤脚后面至鞋跟中央。

（5）袜子应该足够长，不能露出腿毛；避免西装革履搭配运动袜或白袜子。

（6）领带夹要夹在衬衫从上向下数的第四粒扣和第五粒扣之间为宜。

（7）不要过分凸显皮带，避免使用金色的皮带扣。

（8）西装上衣口袋不宜放物品，必要时只装折好的花式手帕，深色西服宜配浅色手帕，浅色西服宜用深色手帕，广泛使用的是白色手帕。

（9）西装左胸内侧衣袋可以装名片、餐巾纸等；裤兜不宜放任何物品，以求裤型美观、挺括；裤子后兜可以装手帕等单薄物品。

（10）穿新西装时应先拆除袖口上的商标；忌穿翻边裤、靴子。

8．男士戴领带的注意事项

（1）领带不应过长或过短，站立时其下端以触及皮带扣中间为宜。

（2）穿着针织翻领衫或短袖衬衫时均不宜打领带。

（3）在喜庆场合，领带颜色可鲜艳一些；在肃穆场合，系黑色或深灰色领带。

（4）一般穿长袖衬衫时系领带，衬衫下摆应塞进西裤里。

（5）应避免条纹领带配条纹西装、条纹衬衫（"斑马"状），花格子领带配格子西装、格子衬衫（"梅花鹿"状）。

（6）穿牛仔裤、球鞋时，不可打领带。

男士打领带的形象如图2-6所示。

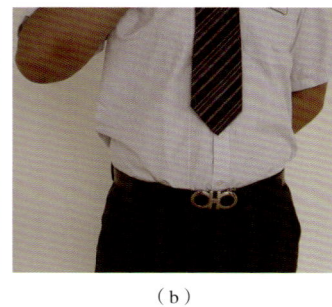

图2-6 男士打领带的形象
（a）、（b）错误；（c）正确

9．女士着装的基本原则

（1）质地的选择，以不皱为原则。

（2）职业女士最好穿素色服装，花色衣服则应挑选规则的图案或花纹为宜。

（3）服装须保持干净整洁，没有污渍，并熨烫平整、衣扣齐全。

（4）职业套裙只能配肤色或黑色连裤袜，也不能光着脚或光着腿穿，忌讳带有大花纹的袜子。正式、庄重的场合不宜穿凉鞋、靴子或露脚趾及后跟的皮鞋。

切忌在裙子和袜子之间露出一截腿（即"三截腿"）。

（5）巧妙地佩戴饰品，首饰以少为佳，最多不超过三件，且应同样质地、同样颜色。

（6）忌搭配不当，正式场合不可将正装与休闲装或运动装混搭，显得不伦不类。

（7）忌颜色过多，谨守"三色原则"，即全身颜色不能超过三种。

（8）切忌过分暴露、过分透视、过分短小、过分紧身、过分鲜艳的服装，如透视装、露脐装、超短裙。

（9）忌穿黑色皮裙，有失身份。

（10）忌每天都穿着同样的服装，没有变化。

女士整体形象自检如图2-7所示。

图2-7　女士整体形象自检

10. 佩戴首饰的基本原则

（1）符合身份、以少为佳、同质同色。

（2）瘦长脖子不戴细长项链、粗短脖子不戴短项链。

（3）圆形脸不戴圆形耳环、方形脸不戴方形耳环。

（4）戒指一般戴在左手上，最多同时戴两枚戒指。

（5）首饰以三件为宜。

（6）男士的皮带上忌挂钥匙串、手机。

（7）男士忌戴麻将牌式的戒指。

（8）女士脖子上不挂手机，脚上避免戴脚链。

首饰的佩戴如图2-8所示。

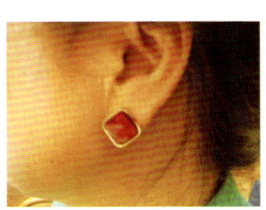

图2-8　首饰的佩戴

11. 男、女士站姿

（1）男士双脚分开与肩同宽，从头到脚呈一条直线。

（2）女士双脚呈"V"字形时，两脚脚跟并拢、脚尖相距10厘米左右，从头到脚呈一条直线。

（3）女士双脚呈"丁"字形时，两脚形成不大于45°的夹角，从头到脚呈一条直线。

（4）男士应头正、肩平、收颌、收腹，双臂自然下垂。

（5）双手不宜插在腰间及衣裤袋中。

（6）女士应挺胸、收腹、立腰、提臀，双手藏起大拇指搭放在腹前。

（7）不论男士和女士，都应双肩自然向后展开，女士在任何场合都要双膝并拢。

（8）避免头偏、肩斜、腿曲、身歪、膝部不直、腹部凸出、身体后仰、依墙靠柱及驼背等姿势。

办公室男、女士站姿如图2-9所示。

(a)

图2-9　办公室男、女士站姿（一）
(a) 正确站姿

（b）

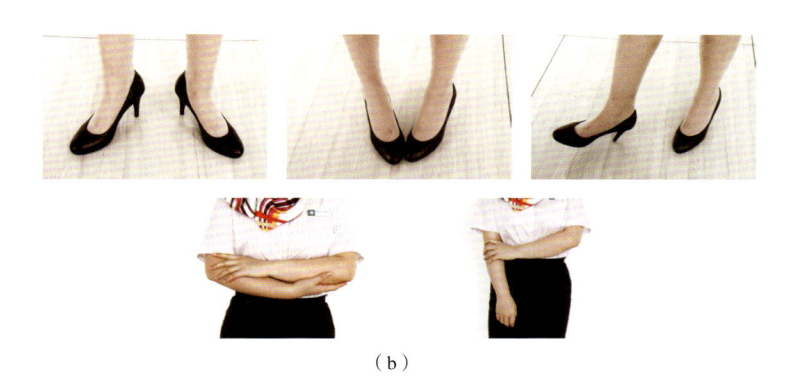

图 2-9　办公室男、女士站姿（二）
（b）应避免的站姿

12. 男、女士坐姿

（1）从座位左侧入座。

（2）应礼让长辈、领导、来宾、女士，并向周围的人致意。

（3）优雅从容、悄无声息地就座。

（4）男、女坐姿有所不同，女士有标准式、前伸式、前交叉式、曲直式、重叠式、后点式、侧点式、侧挂式，男士不宜采用后两种坐姿。

（5）着裙装的女士入座时，应先用手背拢平裙摆，随后再就坐。

（6）忌满坐、仰坐，女士坐椅子的1/2，男士坐椅子的2/3，双手不宜夹在两腿之间或藏在双腿底下。

（7）忌双臂端在胸前或抱在脑后。

（8）女士双膝并拢，男士双膝之间可有一拳的距离。

（9）忌双腿乱抖不止及鞋底外露。

（10）离座时先一脚后移半步，待腿部接触座位边缘后再缓缓站起。

（11）从座位左侧离座。

（12）切忌在人前脱鞋、脱袜。

办公室男、女士坐姿如图2-10所示。

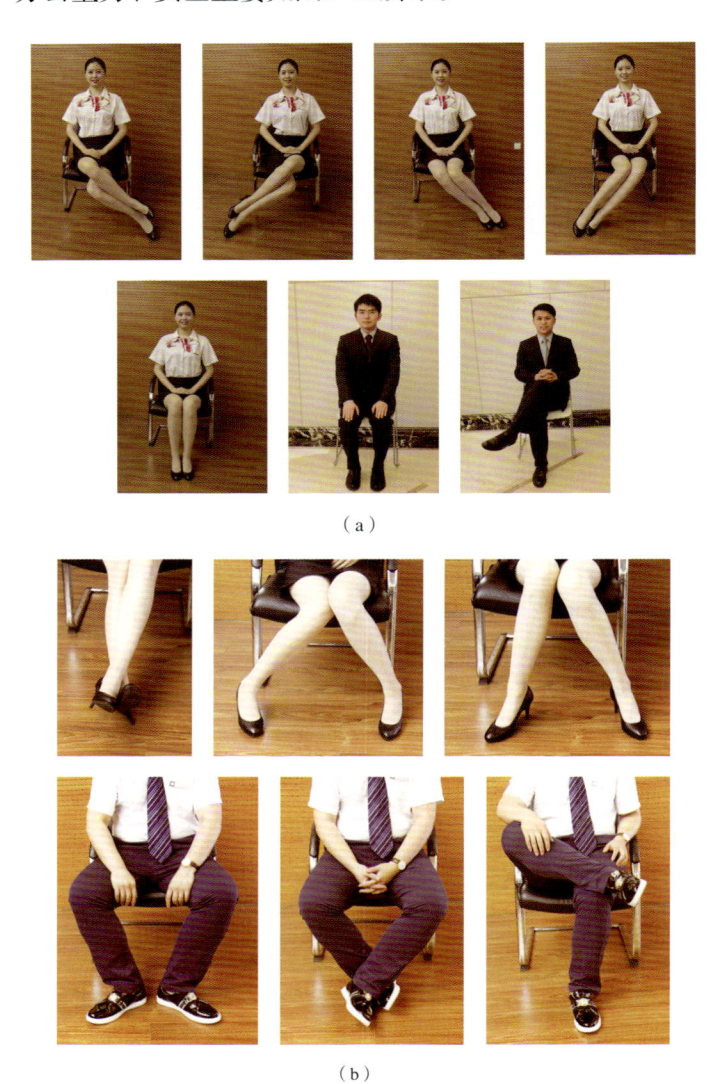

图 2-10 办公室男、女士坐姿
（a）正确坐姿；（b）应避免的坐姿

13. 男、女士走姿

（1）女士步幅以一脚距离为宜，男士步幅以一脚半距离为宜。

（2）手臂与身体呈10°~15°夹角，双手自然弯曲，在摆动中离开双腿不超过一拳的距离。

（3）忌蹦蹦跳跳、声响过大，忌八字步及脚擦地面。

（4）无论男士和女士，都应脖子正、挺胸、收腹、立腰、收颌。

（5）行走时，男士双脚踩在两条平行的直线上，女士双脚踩在一条直线上。

（6）行进时身体勿左右摇晃、低头驼背、眼神左顾右盼。

男士走姿如图2-11所示。

图2-11　男士走姿

14. 男、女士蹲姿

高低式蹲姿适用于男士和女士，交叉式蹲姿只适用于穿短裙的女士，造型更显优美典雅。无论男士还是女士，蹲下时尽量迅速、美观、大方。

（1）脊背保持挺直，避免弯腰翘臀。

（2）不要突然下蹲。

（3）不要距人过近。

（4）把自己的侧面向着人多的地方，而不是正面和背面。

（5）男士下蹲时两腿之间可留有一拳的缝隙，而女士不论哪种姿势，下蹲时都应该双膝并拢。

（6）不要蹲着等车、看书、吃饭、聊天或休息。

（7）女士下蹲时注意内衣"不可以露，不可以透"。

男、女士蹲姿如图2-12所示。

（a）　　　　　　　　　　（b）

（c）　　　　　　　（d）

图2-12　男、女士蹲姿

（a）女士正确蹲姿；（b）男士正确蹲姿；（c）女士错误蹲姿；（d）男士错误蹲姿

15．女士上、下车姿势礼仪

女士上、下车的仪态要优雅，具体要点是：

（1）打开车门后，先将身体背向车厢，半蹲捋平裙摆顺势坐下。

（2）依靠手臂做支点，双膝腿脚并拢提高平移至车内。

（3）略调整身体位置，坐端正后，关上车门。

（4）下车应先伸出一脚，注意双膝并拢；可将一手撑着座位，将整个身体移离车外；最后踏出另一只脚。

（5）若穿裙装，则应将两只脚同时踏出车外，双脚膝盖并拢着地，再将身体移出。

16．指引性的手势语

（1）女士手掌五指并拢，掌心向上，手掌与前臂呈一条直线，另一只手置于肚脐位置。

（2）男士手掌五指并拢，掌心向上，手掌与前臂呈一条直线，另一只手自然下垂，中指接近裤缝处。

（3）以肘关节为轴，手臂向外横向摆动，指尖指向指引的方向，上身稍向指引方向前倾。

（4）双肩向后展开，面带微笑。

（5）脚跟并拢。

男、女士指引手势如图2-13所示。

（a）

（b）

图2-13　男、女士指引手势
（a）男士指引手势；（b）女士指引手势

17. 微笑时的注意事项

（1）应发自内心地微笑，笑得真诚、自然。
（2）微笑时露出6~8颗牙齿，7颗最标准。
（3）忌皮笑肉不笑。
（4）切忌以手掩口，尤其是男士。
（5）忌冷笑、怪笑、媚笑、狞笑、狂笑、装笑。
（6）微笑应恰到好处，不建议时刻都微笑，要注意场合。
男、女士微笑如图2-14所示。

图2-14　男、女士微笑

18. 鞠躬礼仪

（1）需要鞠躬的场合是见面、谢幕、演讲、领奖、道歉等。
（2）脖子不可伸得太长，耳和肩尽量在同一高度。
（3）鞠躬时应摘下帽子。
（4）伊斯兰教国家不行鞠躬礼。
（5）鞠躬时眼睛看着对方的脚尖或地面，不可边鞠躬边翻起眼睛看对方。
（6）女士鞠躬时双膝并拢；男士则脚跟靠拢，双膝挺直。
（7）在日本，问候礼30°，告别礼45°。
（8）只有深度致歉、深度怀念时，才用90°鞠躬。
鞠躬如图2-15所示。

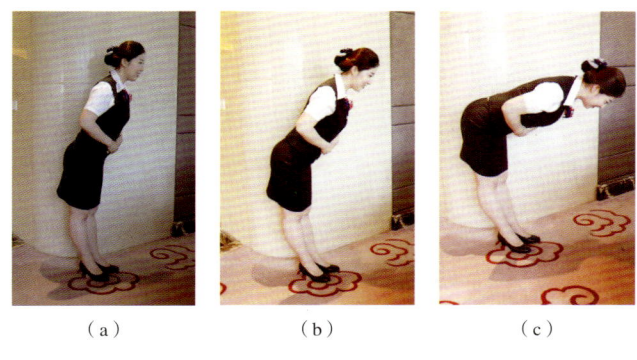

图 2-15　鞠躬
（a）30°；（b）45°；（c）90°

19. 与人交往，注视礼仪的区域

在一般情况下，与他人相处时，允许注视的常规部位有双眼、额头、眼部至唇部。对异性而言，通常不应注视对方肩部以下，尤其不应注视其胸部、裆部、腿部。

与人交往的注视礼仪区域如图 2-16 所示。

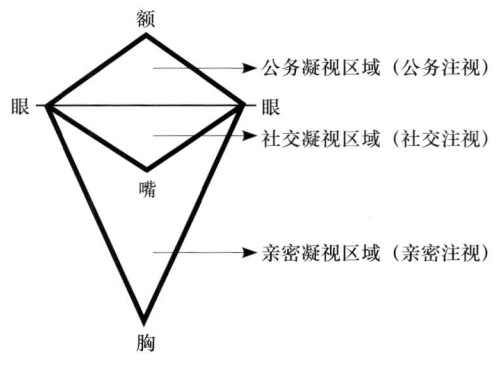

图 2-16　注视礼仪区域

20. 在公众场合的不雅动作

（1）抓耳挠腮、咬指甲等小动作。

（2）扮鬼脸、吐舌头。

（3）不加遮掩地打哈欠、打喷嚏。

（4）喝水、喝汤时发出怪声，吃饭时发出声响。

（5）随地吐痰，随手扔垃圾。

（6）当众挖鼻孔或掏耳朵。

（7）当众挠头皮、剪指甲。

（8）当众照镜子，女士当众补妆。

（9）数钱、翻书之前先蘸唾沫。

（10）把双手插进袖口里。

案例分析

案例一：

老张是某大型外贸企业的总经理，想在广东洽谈一项合资业务，经朋友介绍，他找到了一家业绩、前景都不错的公司。某天上午，在与对方约好了洽谈时间和地点后，老张带着秘书如期而至。对方负责人不仅年轻有为，还很有诚意，公司前景也很好，在谈判时，这位负责人气定神闲、胸有成竹、不停地抖动他的双腿。经过近半小时的洽谈之后，老张果断地做出了决定：不和这家公司合作。在一旁的秘书一头雾水，为什么还没有深入洽谈，老张就放弃了和该公司的合作呢？

案例二：

服饰被认为是社交场合中的"第二肌肤"，反映出一个人的社会地位、个性品质等。办公室新分配来的小赵外形青春靓丽、衣着时尚，在她看来，周围的员工实在是"土"得掉渣，唯有自己衣着有品位、上档次。

随着夏季的到来，小赵心中暗喜，仗着自己"卖相好"，决定引领公司女员工时装新潮流：今天无袖裙，明天超短迷你裙，后天吊带裙，大后天露背装……说来也奇怪，小赵越是穿得新奇古怪，同事们越是像避瘟神一样对她敬而远之。小赵百思不得其解，不知道自己哪里出了问题？

第三章 办公礼仪

Chapter **Three**

1. 见面礼节

(1) 握手礼。
(2) 鞠躬礼。
(3) 拱手礼。
(4) 合十礼。
(5) 介绍。
(6) 递名片的礼节。

见面礼如图3-1所示。

图 3-1　见面礼

2. 介绍礼仪

(1) 社交场合的自我介绍内容分三个要素，即姓名、单位部门、职业（职务）。

(2) 介绍他人的顺序，应遵循"尊者优先知道对方信息"的原则：先将主人介绍给客人；先将年少者介绍给年长者；先将男士介绍给女士。

(3) 集体和个人：仅把个人介绍给集体。

3. 自我介绍

（1）应酬式的自我介绍。这种自我介绍的方式最简洁，往往只包括姓名一项即可，如"您好！我叫张三"。它适合于一些公共场合和一般性的社交场合。

（2）工作式的自我介绍。工作式的自我介绍的内容，包括本人姓名、供职单位以及部门、担任职务或从事的具体工作等三项。

（3）交流式的自我介绍。这是一种刻意寻求交往对象的进一步交流，希望对方认识自己、了解自己、与自己建立联系的自我介绍。

（4）礼仪式的自我介绍。这是一种表示对交往对象友好、敬意的自我介绍。适用于讲座、报告、演出、庆典、仪式等正规的场合，内容包括姓名、单位、职务等。

（5）问答式的自我介绍。针对对方提出的问题，做出自己的回答。这种方式适用于应试、应聘等。

4. 适合进行自我介绍的场合

（1）应聘求职时。
（2）在社交场合，与不相识者相处时。
（3）应试求学时。
（4）前往陌生单位，进行业务联系时。
（5）在社交场合，有不相识者要求自己作自我介绍时。
（6）在社交场合，有不相识者表现出对自己感兴趣时。
（7）有求于人，而对方对自己不甚了解或一无所知时。
（8）在公共聚会上，与陌生人组成交际圈时，或打算介入陌生人的交际圈时。
（9）拜访熟人遇到阻挡者，或是对方不在、需要请他人代为转告时。

（10）在出差、旅行途中，与他人不期而遇要与之临时接触时。

（11）因业务需要，在公共场合进行业务推广时。

（12）初次利用大众传媒向社会公众进行自我推荐、自我宣传时。

5．介绍他人的顺序

尊者有优先了解他人信息的特权，介绍的顺序是：

（1）先介绍下级，后介绍上级。

（2）先介绍晚辈，后介绍长辈。

（3）先介绍年幼者，后介绍年长者。

（4）先介绍男士，后介绍女士。

（5）先介绍未婚者，后介绍已婚者。

（6）先介绍家人，后介绍同事、朋友。

（7）先介绍主人，后介绍来宾。

（8）先介绍后来者，后介绍先到者。

介绍他人的展示如图3-2所示。

图3-2　介绍他人的展示

6．握手礼仪

（1）需要握手的场合是见面、道别、祝贺、感激、鼓励、慰问等。

（2）握手的标准动作是：上身稍微前倾，伸出右手，距握手对象一臂距离；四指并拢，手掌伸直与地面垂直，拇指张开与对方相握，上下晃动两三下即可。

（3）初次见面握手时间为5秒，平时握手以3~5秒为宜。

（4）握手的力度要适中，既不可过轻，也不可过重。

（5）握手双方四目相对、面带微笑、上下轻摇、稍事寒暄。

（6）需要与多人同时握手时，应按由尊到卑、由近而远或顺时针方向进行，忌交叉握手。

（7）对方手部有伤、手里拿着东西、忙着别的事时，可以不握手。如果一方已经伸了手，另一方都应不迟疑地回握。

（8）用右手握住对方右手后，再以左手握住对方右手的手臂，这种方式仅适用于亲朋好友之间表达深厚情谊。

（9）忌用左手与他人相握或形成十字交叉。

（10）忌戴着手套、墨镜与他人握手。

（11）忌用不清洁的手与他人相握，切不可握手后再揩拭手部。

握手礼仪如图3-3所示。

图 3-3　握手礼仪

7．握手时要注意的顺序

（1）上级—下级，上级先伸手。

（2）长辈—晚辈，长辈先伸手。

（3）女士—男士，女士先伸手。

（4）老师—学生，老师先伸手。

（5）已婚者—未婚者，已婚者先伸手。

（6）职务高者—职务低者，职务高者先伸手。

（7）社交场合的先到者—后来者，先到者先伸手。

（8）客人来访时，主人先伸手。

（9）客人告辞时，客人先伸手。

8. 电话礼仪

（1）通话声音不要太大，以对方能听清楚为宜。

（2）接电话时首先应以柔和的声音问候对方，再询问对方单位名称及所属部门。

（3）当对方要找的人不在时，在未经授权的情况下不要说出指定受话人的行踪。

（4）电话传达事情时，应向对方再次确认数字、日期、时间、地点等重要信息。

（5）转告正在接待客人的人有电话时，最好用纸条传递口信以防泄密。

（6）通话时碰巧客人来访，宜先招待来访客人，向通话对方致歉，得到许可后挂断电话；如果电话紧急不能马上挂断时，应告知来访客人稍等，再继续通话。

（7）如果电话突然发生故障导致通话中断，此时务必换另外的电话再拨给对方，向对方解释清楚。

（8）结束通话时，应尊者、领导、长辈先挂电话。

电话礼仪展示如图3-4所示。

图3-4 电话礼仪展示

9. 引导礼仪

（1）在宾主双方并排行进时，引导者应主动在外侧行走，来宾则行走于内侧；三人并行时，通常中间的位次最高，内侧的位次其次，外侧的位次最低；避免四人并排走。

（2）引导客人时最好走在客人的左前方1米，与客人形成130°的角度，切忌将臀部对着客人。

（3）在门前引导时，如果是内推门，引导员先进，领导、客人后进；如果是外拉门，则领导、客人先进，引导员后进。

（4）引导领导、客人上楼梯时，应让领导、客人走在前面，接待人员走在后面；下楼时，应该由接待人员走在前面，领导、客人走在后面。如果是一男一女走楼梯，原则上是男士先上楼梯，女士尾随其后，下楼时，女士先下楼梯，男士尾随其后。

（5）出入无人控制的电梯，陪同人员应先进后出；出入有人控制的电梯，陪同人员应后进后出。

（6）如果引导者与来宾出行，宾主不同车时，一般应引导者座车在前，来宾座车居后；宾主同车时，应该引导者后登车、先下车，来宾先登车、后下车。

（7）在引导过程中要注意对领导、客人进行危机提醒，确保他人安全是引导员的职责。

引导礼仪展示如图3-5所示。

图3-5　引导礼仪展示

10．倾听他人讲话的注意事项

（1）切勿双腿张开、交叉或抖动。

（2）双手切勿交叉放在桌上或胸前，不可单手或双手托额或手肘支在桌上。

（3）不可打哈欠、眼神飘忽、东张西望，忌频繁看手表。

（4）坐椅子时脊背挺直靠在椅背上，女士应双膝并拢，双手放在膝盖上。

（5）面带微笑，眼神温和地注视对方，注视时间是对方与你相处时间的1/3。

（6）在适当的时候可以用点头表示赞同或理解。

（7）做笔记对主讲者来说，会有相当受尊重的感觉。

11．递送名片的时机

递送名片的时机见表3-1。

表3-1　　　　　　　　递送名片的时机

递送名片的时机：
- 希望认识对方
- 被介绍给对方
- 对方向自己索要名片
- 对方提议交换名片
- 打算获得对方的名片
- 初次登门拜访对方

12．递送名片的注意事项

（1）递名片时应起身站立，走上前去，使用双手或者右手将名片正面对着对方，递给对方。

（2）若对方是外宾，最好将名片印有英文的那一面对着对方。

（3）将名片递给他人时，应说"请多多关照""常联系"等话语，或是先作一下自我介绍。

（4）与多人交换名片时，应讲究先后次序，或由近而远，或由尊而卑进行。位卑者应当先把名片递给位尊者。

递送名片礼仪如图3-6所示。

图3-6　递送名片礼仪

13. 接名片的步骤与注意事项

接名片的步骤：

（1）他人递名片给自己时，应起身站立，面含微笑，目视对方。

（2）接名片时，双手捧接，或以右手接过，不要只用左手接过。

（3）接名片时，对方使用了谦词敬语，接受方应及时回敬"谢谢"。

（4）接过名片后，要从头至尾把名片默读一遍，意在表示重视对方。

接名片的注意事项：态度谦和、认真阅读、精心存放、有来有往。

14. 办公室接待的礼仪要点

接待规格确定的原则是"对等对口"，接待礼仪总体要求是：热情周到、耐心细致、规范有序。在具体操作中应注意：

（1）精心准备。接待前做好充分的准备是保证接待工作质量的前提。准备工作主要从了解意图、制定接待方案等方面入手，如日程安排、迎接方式、会谈会见方式、食宿、交通、参观考察、宣传报道、陪同人员等。

（2）热情待客。接待时要衣着整洁得体，言谈热情大方，举止庄重优雅，注意把握分寸、掌握尺度，做到朴实、真诚、热情，使客人有"宾至如归"的感觉。

15. 与同事交往的礼仪

（1）尊重同事。

1）不在背后议论和窥视同事的隐私和习惯。

2）不轻易翻动同事的物品。

（2）保持距离。

1）办公室中同事之间存在利益关系，一般很难成为亲密朋友。

2）经济往来AA制可减少不必要的麻烦。

（3）以诚待人。

1）对待同事要真诚、谦逊。

2）公平竞争。

3）交谈应和气、友善。

16．办公室礼仪相关禁忌

办公室礼仪相关禁忌见表3-2。

表3-2　　　　办公室礼仪相关禁忌

办公室礼仪相关禁忌
- 忌牢骚满腹、怨气冲天
- 忌拉帮结派、散布谣言
- 忌高声喧哗、旁若无人
- 忌奇装异服、举止怪异
- 忌谈论薪水、玩笑过度
- 忌溜须拍马、攀龙附凤

17．办公室交谈选择的话题内容

（1）目的性内容。即交谈双方业已约定，或者其中某一方先期准备好的内容。

（2）内涵性内容。即内容文明、健康，格调高尚、脱俗的话题，如文学、艺术、哲学、历史、地理、建筑等。

（3）时尚性内容。即谈论起来令人轻松愉快、身心放松、饶有情趣、不觉劳累厌烦的话题。

（4）时代性内容。时尚的主题，即以此时、此刻、此地正在流行的事物作为谈论的话题。

（5）对象性内容。指的交谈双方，尤其是交谈对象有研究、有兴趣、有可谈之处的话题。

18．办公交谈应遵循的"五要"和"五不要"的内容

办公交谈应遵循的"五要"和"五不要"内容见表3-3。

表3-3　　办公交谈应遵循的"五要"和"五不要"

办公交谈应遵循的"五要"和"五不要"	要双向沟通，不要一人侃侃而谈
	要活跃气氛，不要导致冷场
	要学会倾听，不要随意插嘴
	要言论自由，不要与人抬杠
	要赞美他人，不要否定他人

19．在办公场所公共洗手间的行为礼仪

（1）公共洗手间使用频率较高，应谨记"来也匆匆，去也冲冲"，留下一个干净的卫生空间。

（2）方便后冲水时，不要将卫生纸等杂物丢进马桶，以免堵塞下水道。

（3）如厕时要关上门，以免令人难堪。

（4）走出洗手间之前，应把衣饰整理好。

（5）洗手时水要开小些，一方面节约用水，另一方面可以避免溅得满洗手台和地上都是水。洗完手后甩水时，避免把水甩到他人身上。

（6）不论男女，在洗手间都有人占用的情况下，后来者必须排队等待；如果没有人排队，而门是关着的，一定要记得先敲门。

（7）洗手间对于女士来说不仅是方便的地方，同时也是暂时

的化妆间。

20．进出办公室房间的礼仪

（1）轻开、轻关。在进出办公室时，开门、关门的声音一定要轻，要用手轻推、轻拉、轻关。

（2）敲门有礼。指无论在去本单位其他部门和外单位办公室办事时，都应先礼貌地、有节奏地敲门，得到对方允许后方可入内。

（3）面向对方。进屋时面向对方点头、问候。

（4）谦让有礼。指与别人一同进出房门时，要谦让，请对方先行：一般情况，应请长者、领导、女士、来宾先入房间。告辞时，面向对方先后退一步，再转身告别。

21．办公室用餐的注意事项

（1）在办公室里用餐，一次性餐具用毕应立即扔到垃圾箱内，不要长时间摆在桌子或茶几上。

（2）零食如薯片或爆米花之类，由于吃起来会发出声响，吃的时候应特别留意。

（3）在办公室里吃饭，持续的时间不要太长。

（4）嘴里含有食物时不要贸然讲话。

（5）用餐完毕应开窗通风。

案例分析

案例一：

　　王强开会时遇见一位他很敬重的学者，这位学者当时正在和其他人谈话。王强想，在这么多人面前，更应该表现对学者的敬重。于是王强快步走上前去，插到学者与交谈者之间，紧紧握住学者的手。在握手时，王强右手紧紧握住学者的手，左手在对方的肩膀拍了几下，以示亲密，后来又双手长时间地握住学者的手并上下摇晃着，自我介绍并表达对学者的崇拜仰慕之情。

　　请问：王强的行为是否合乎礼仪？

案例二：

　　在一次宴会上，一位客人指着自己对面的女士悄悄对身旁的主人说："对面那女的是谁呀，长得那么丑，你还请她来。"主人生气地说："那是我夫人。"客人非常尴尬，赶忙改口说："不是，我说的是旁边那个。"主人愤怒地说："那是我女儿。"

　　客人更加尴尬，一场宴会就这样陷入了僵局……

　　在这场尴尬中，请问谁在哪些方面做得不够好呢？

第四章 交流礼仪

Chapter Four

1. 交流的注意事项

交流的注意事项见表4-1。

表4-1　　　　　　　　　　交流的注意事项

交流的注意事项
- 态度：要自然、友善、亲切、随和、镇定自信、落落大方、彬彬有礼
- 语速：要正常，语音要清晰
- 时间：要简洁，言简意赅；尽可能地节省时间，以10～15分钟为佳
- 方法：自我介绍，向对方点头致意，得到回应后再相互问候交谈

2. 人际交往中问候的内容

问候内容根据双方关系分为直接和间接两种方式。直接式是直截了当地问候，适用于正式的人际交往；间接式适用于非正式交往，尤其是经常见面的熟人之间。员工间的问候如图4-1所示。

图4-1　员工间的问候

3. 人际交往中彼此问候的形式和顺序

人际交往中彼此问候的形式和顺序见表4-2。

表4-2　　　　　　　人际交往中彼此问候的形式和顺序

序号	问候	内容	具体运用
1	问候的形式	日常问候	"你好""早上好"等
		特殊问候	节日问候、喜庆时的问候和道贺，不幸时的问候与安慰等
2	问候的顺序	两人见面	正常情况下，一方主动问候，另一方回应
		多人见面	方法一：由尊而卑、由长而幼或由近而远地依次问候
			方法二：统一问候

4．致意礼的基本要求

致意礼是一种不出声的问候礼节，常用于相识或不相识的人在社交场合打招呼，包括有点头、举手、微笑、起立、欠身、鞠躬等。员工间的致意礼如图4-2所示。

图 4-2　员工间的致意礼

5．员工之间交流的不雅行为

结合员工之间的交流，整理了10个方面的不雅行为，内容见表4-3。

表4-3　　　　　　　　员工之间交流的不雅行为

员工之间交流的不雅行为
- 抢先说话
- 议论不在场的人
- 纠缠不休
- 开口就谈自己的荣誉与功劳
- 老谈别人的缺点和不足
- 议论别人的生理缺陷
- 说些损害民族尊严的话
- 发火、说粗话、造谣
- 有时候当众取笑别人
- 阿谀奉承、献媚攀高

6．合十礼、拱手礼、鞠躬礼、拥抱礼的基本要求

（1）合十礼是把两个手掌在胸前对合，掌尖与鼻尖齐高或者略低，手掌向外倾斜，头略低。拱手礼是左手在上，右手握拳。两者兼含敬意和谢意双重意义。

（2）鞠躬礼基本姿势：身体下半身成标准站姿，女士手放在腹前，男士双臂自然下垂、中指贴近裤线，上身前倾，常规角度是15°~30°。表情自然，眼睛看着地面，慢慢抬起头。

（3）在社交场合，礼节性的拥抱礼动作规范是：右手在上，从对方左肩下来，左手从对方右腰部位自然伸出，在对方背部轻拍2~3下。男女动作一样。

合十礼、拱手礼、鞠躬礼与拥抱礼如图4-3和图4-4所示。

图4-3　合十礼、拱手礼

图 4-4 鞠躬礼与拥抱礼

7. 员工交流中涉及递接物品的礼仪要点

递接物品的基本原则是尊重他人，一般是用双手递接，包括文件、书籍等。注意递笔、刀、剪之类尖利的物品时，要将尖端朝向自己握在手中，再递给对方。递接物品如图4-5所示。

图 4-5 递接物品（一）

图 4-5　递接物品（二）

8. 东西方见面的礼节

东西方见面礼节很多，具体内容见表4-4。

表4-4　　　　　　　　　东西方见面礼节

类型	见面礼节	具体内容
东方礼节	作揖礼	适用于过年时举行团拜活动，向前辈祝贺，向友人恭贺结婚、生子、晋升、乔迁，向亲朋好友表示感谢，以及初次见面时表达久仰之意
	鞠躬礼	适用于向长者表示敬重、向他人表示感谢、领奖或讲演后、演员谢幕、举行婚礼或参加追悼会等活动
	合十礼	通行于东南亚信奉佛教的国家或佛教信徒之间
西方礼节	拥抱礼	常见的见面礼和道别礼，表示慰问、祝贺、欣喜
	亲吻礼	双方会面时亲吻脸颊表示尊重、爱慕
	吻手礼	只限于已婚的女性，主要流行于欧美国家
东西方通用礼节	点头礼	适用范围广，点1～2次头，以示对对方的尊重
	举手礼	适合向距离较远的熟人打招呼
	脱帽礼	在一定的场合，应自觉摘下帽子，并置于适当位置

东西方见面的礼节如图4-6所示。

图 4-6　东西方见面的礼节

9. 见面的称呼

见面的称呼见表4-5。

表4-5　　　　　　　　　见面的称呼

序号	种类	说　　明
1	称呼行政职务	此类称呼最为常用，表示交往对方身份有别
2	称呼技术职称	在工作中称呼某人技术职称，以示对其敬意有加
3	称呼职业名称	一般来说，直接称呼被称呼者的职业名称，往往都是可行的
4	称呼通行尊称	通行尊称也称为泛尊称，它通常适用于各类被称呼者
5	称呼对方姓名	称呼同事、熟人，可以直接称呼其姓名，以示关系亲近

10. 见面称呼的忌讳

见面称呼的忌讳见表4-6。

表4-6　　　　　　　　　见面称呼的忌讳

序号	种类	说　　明
1	庸俗的称呼	在正式场合假如采用低级庸俗的称呼，是既失礼又失身份的
2	他人的绰号	在任何情况下，当面以绰号称呼他人，都是不尊重对方的表现
3	地域性称呼	有些称呼，如"师傅"等具有地域性特征，不宜滥用
4	简化性称呼	非正式场合，把"张局长""汪处长"称为"张局""汪处"，在正式场合，有不少称呼不宜随意简化

11. 见面寒暄的距离把握与问候类型

寒暄主要的用途，是在人际交往中打破僵局，缩短人与人之间的距离，向交谈对象表示自己的敬意，或是借以向对方表示乐于与其多结交之意。寒暄距离与适用对象及场合见表4-7。寒暄问候的类型见表4-8。

表4-7　　　　　　　寒暄距离与适用对象及场合

距离	范围（米）	适用对象及场合
私人距离	<0.5	在最亲密的人之间，同性仅限于贴心朋友，异性间限于夫妻与恋人
常规距离	0.5～1.5	人际交往正常的距离
礼仪距离	1.5～3.5	社交中不熟悉人际的礼貌距离
公共距离	>3.5	主要是大型活动、演讲等一对多的活动距离

表4-8　　　　　　　寒暄问候的类型

类型	适用场合	举　例
问安型	闲话家常，联络感情	"最近很忙吧?""准备上哪逛逛呀?"
攀谈型	希望进一步交流，抓住共同点	"我们是老乡呀""我也很喜欢游泳"
关照型	关心、照顾他人的需求	"要再加点咖啡吗?""开着窗户您会冷吗?"
言他型	礼节性的交谈	"天气不错啊""这里的风景真美"
夸奖型	赞美他人，让别人更快接受自己	"您这身衣服真漂亮""您今天看上去真精神"

12. 汇报工作的注意事项

汇报工作的注意事项见表4-9。

表4-9　　　　　　　汇报工作的注意事项

汇报工作的注意事项
- 事前主动报告。以便领导了解工作是否是按计划进行
- 守时、不失约。万一因故不能赴约，要尽早告知领导，并表示歉意
- 进办公室之前先轻轻敲门
- 汇报工作要严谨。汇报时少谈自己的想法和推测，多说事实
- 汇报工作时要先说结果，再说经过，语言表达应简明扼要，节省时间
- 及时报喜，也要及时汇报不好的消息
- 恭请领导点评
- 汇报忌揽功推过

汇报工作的礼节如图4-7所示。

图4-7　汇报工作的礼节

13．听、说、问的礼节性工作

（1）听：点头、微笑注意听，理解性听，同理心状态听，没听明确的要及时问。

（2）说：说积极的话、客观的话。不说抱怨的话、太刻薄的话、玩笑过分的话、太八卦的话、暧昧的话等。

（3）问：在办公场合不问敏感或过于隐私的问题，如对方的收入、年龄、婚姻、过往病史、宗教信仰等。

14．办公场合递物不雅动作

办公场合递接物品不好习惯，主要涉及态度不友好，单手或

直接塞给对方，不打招呼直接递出，导致对方慌乱，尤其是递文件、递笔、递矿泉水等，具体内容如图4-8所示。

图4-8　递物不雅动作

15．公务交谈忌讳的话题

一般来说，公务交谈要根据交谈对象，顾及民族、性别、风俗习惯、文化背景等。不适合的话题见表4-10。

表4-10　　　　　　　公务交谈忌讳的话题

公务交谈忌讳的话题
- 涉及个人隐私、疾病、生理缺陷等
- 涉及保密范围的话题，如女性的年龄、婚姻等
- 随便议论上级、长者及名人等
- 喋喋不休地谈论对方一无所知或不感兴趣的事情
- 对于西方人，贸然问工资多少

16．工作场合会谈提问的技巧

问的技巧见表4-11。

表4-11　　　　　　　　　问的技巧

问的技巧
- 礼节性提问掌控气氛
- 好奇性提问激发兴趣
- 影响性提问加深客户的回忆
- 渗透性提问获取更多信息
- 诊断性提问建立信任
- 提问后沉默，将压力抛给对手
- "重复客户原话＋专业观点陈述＋反问"（三段式）增强说服力

17．交谈的礼貌用语

（1）礼貌用语可以分为见面语、感谢语、告别语等，礼貌用语内容见表4-12。

表4-12　　　　　　　　　礼貌用语内容

序号	类型	内容
1	见面语	早上好、下午好、晚上好、您好、很高兴认识您、请多指教、请多关照等
2	感谢语	谢谢、劳驾了、让您费心了、实在过意不去、拜托了、麻烦您、感谢您的帮助等
3	打扰对方或向对方致歉	对不起、请原谅、很抱歉、请稍等、请多包涵等
4	接受对方致谢致歉时	别客气、不用谢、没关系、请不要放在心上等
5	告别语	再见、欢迎再来、祝您一路顺风、请再来等
6	忌用语	喂、笨蛋、你不懂、狗屁不通、猪脑袋等

（2）经常用到的礼貌用语有：

"您好"不离口；"请"字放前头（放在请求别人做事的话之前）；"对不起"时时有；"谢谢"跟后头；"再见"送客走。

办公交谈的礼貌表现如图4-9所示。

图 4-9 办公交谈的礼貌表现

18. 使用电话的礼仪要点

使用电话的礼仪要点见表4-13。

表4-13　　　　　　　使用电话的礼仪要点

序号	礼仪	要　点
1	拨打电话时的礼仪	1）选择恰当的拨打时间，以不影响对方工作、用餐和休息的时间为宜； 2）开始通话，先问候对方，然后主动自我介绍，如拨错电话，应向对方道歉； 3）通话时集中主要议题，一般来说通话时间不应超过3分钟； 4）结束通话时，以主叫方或尊者先挂断为宜
2	接听电话时的礼仪	1）拿起话筒，主动问好，然后进行交谈，如果接听较迟，先表示歉意； 2）接听电话时，温和应答，吐字清晰，表达准确，语言从容得体； 3）如遇对方误拨的电话，应耐心说明，不可恶语相加； 4）如替他人接听，应做好记录并及时转达

接打电话礼仪如图4-10所示。

图 4-10 接打电话礼仪

19. 办公场合电话交谈的禁忌

办公场合电话交谈有很多忌讳行为，如吃东西等，具体内容如下：

（1）语言表达不清楚，目的不明确。
（2）打电话时嘴里吃东西。
（3）玩弄笔、手机等物品。
（4）声音过大，干扰同事。
（5）语速过快，听不明白表达内容。
（6）喋喋不休，主次不分。
（7）挂断电话过快。
（8）心不在焉，举止不雅。

电话交谈的禁忌行为如图4-11所示。

图4-11 电话交谈禁忌行为

20. 办公场合员工交流的手势与表情的要点

办公场合员工交流涉及的手势有请的动作、握手、递物等，通常表情应该自然、大方，目光不乱看。图4-12为办公场合员工交流的手势与表情。

图4-12 办公场合员工交流的手势与表情（一）

图 4-12 办公场合员工交流的手势与表情（二）

21. 员工使用手机的注意事项

（1）手机放在常规位置。放手机的常规位置有：随身携带的公文包里；上衣的内袋里。工作中忌讳将手机随意放在桌子上，尤其对着正在聊天的客户。

（2）使用手机的场合。

　　1）在公共场合接电话时要注意自己的音量，避免影响到周围的人。

　　2）在要求"保持安静"的公共场所，应关闭手机，或将手机设置为静音状态。

　　3）排队办理业务时不要长时间接电话。

　　4）在艺术展或其他展览会场不要随便用手机拍摄。

　　5）会客、会议或聚会等社交场合时不要沉溺于翻看手机。

　　6）给别人打电话注意时间，午休时间、早上8点之前、晚上10点以后勿给他人打电话，以免影响他人休息。

工作场合用手机的不良行为如图4-13所示。

图 4-13 工作场合用手机的不良行为

22. 员工给领导服务的要点

领导与他人交谈过程中,需要给他们上茶时,最好询问明确,上茶要及时迅速,手势到位,目光亲切,面带微笑。请领导签署文件,应该提前准备好笔和文件,以免临时慌乱,耽误时间。可参考图4-14中秘书的处理方式。

图4-14 秘书给交谈的领导上茶、签字服务手势

23. 收发邮件主题内容与回复规则

(1)关于主题。

　　1)标题不要空白。

　　2)标题要简短,不宜冗长。

　　3)标题要能真实反映文章的内容和重要性。

　　4)不在一封信内谈及多个主题。

　　5)可适当使用大写字母或特殊字符来突出标题,引起收件人注意。

　　6)回复对方邮件时,可以根据回复内容需要更改标题。

(2)回复技巧。

　　1)及时回复Email或进行针对性回复。

　　2)回复不得少于3个字。

　　3)不要就同一个问题多次回复讨论。

　　4)主动控制回复邮件的容量大小。

　　5)一般邮件最好一周之内回复,重要邮件最好48小时之内回复。

24. 收发邮件的称呼语和附件使用规范

收发邮件的称呼语和附件使用规范要点见表4-14。

表4-14　　　　　　　收发邮件与附件使用要点

内容	具体要求
邮件称呼与问候	恰当地称呼收件者，开头结尾要有问候语，注意用论述语言
	Email正文要简明扼要，行文通顺；多用"1、2、3、4、…"之类的列项，以清晰明确
	注意拼音输入法；合理提示重要信息
	尽量一次邮件交代完整信息
	合理利用图片、表格等形式来辅助阐述
附件使用规范	附件数目不宜超过3个，数目较多时应打包压缩成一个文档
	正文中应对附件内容做简要说明
	及时提示收件人查看附件
	附件文件应按需要命名
	附件为特殊格式时，应在正文中说明打开方式，以免影响使用
	如果附件过大（超过20MB），应分割成几个小文档分别发送

25. 办公场合用社交软件的注意事项

办公场合用社交软件的注意事项见表4-15。

表4-15　　　　　办公场合用社交软件的注意事项

办公场合用社交软件的注意事项
- 尊重别人。包括尊重他人的隐私、尊重他人的时间和知识
- 网上网下行为一致。尽量避免说粗话和无礼的话
- 平心静气地争论
- 宽容，发现别人写错字、用错词，不要太在意，最好私下给建议
- 礼貌招呼，和气告别

26. 给领导发邮件、发短信的礼节规范

发邮件与发短信要点见表4-16。

表4-16　　　　　　　发邮件与发短信要点

序号	项目	具体要点
1	下属给领导发邮件	地址和主题准确无误；内容简洁、明了
		语言通俗易懂；谨慎选择内容
		避免电子邮件出现常识性和低级错误
		信件中不能随意使用大写字母
2	下属给领导发短信	口语化，简单、自然，充满人情味；朴实、清楚，容易理解
		语气语调柔和、谦虚，避免用冒犯性的语言
		就事论事，针对性强，符合规范
		回复迅速、及时

27. 电话汇报工作的礼仪规范

（1）汇报前，应准备好将要汇报的内容。

（2）汇报时要有条不紊地分项进行。

（3）汇报完毕后，询问领导是否还有其他事情，确定没事后应等待领导先挂电话。

（4）总结应简洁明了，询问并定好递交资料的时间。

（5）电话汇报工作时不要与人交谈、看文件或者看电视、听广播、吃东西。

电话汇报工作如图4-15所示。

图4-15　电话汇报工作

案例分析

　　李丽是省电力公司新入职员工，6个月后与大家熟悉了，很多办公室员工发现李丽很喜欢抱着手机微信聊天，在私下场合和工作场合都喜欢用昵称来亲切地称呼大家，如李哥、张姐、陈姨、王叔等。后来经过电力培训公司老师的指点，她明白了整天过于关注手机对工作有影响，对自己的健康也不好，对人的称呼是要分场合的，在办公场合、私人聊天场合是不同的。你的观点呢？

第五章 社交礼仪

Chapter Five

1. 员工集体观影的注意事项

集体观影，顾名思义就是指在某个单位或公司超过3人以上有组织、有纪律地一起去观看电影的活动。应注意以下几点：

（1）穿着得体。不能穿短裤、背心、拖鞋等进入电影院。

（2）尽量提前到达。如果迟到，也应以不影响他人为宜。

（3）对号入座。

（4）保持安静。切忌喋喋不休、高谈阔论。

集体观影如图5-1所示。

图 5-1　集体观影

2. 员工在图书馆的礼仪要点

员工在图书馆的礼仪要点见表5-1。

表5-1　　　　　　　员工在图书馆的礼仪要点

项目	具体内容
借阅图书	注意维持公共秩序，自觉排队
	双手递书，并注意使用"您好""谢谢"等礼貌用语
	定期借阅的图书应按期归还，给别人留出阅读的时间
	穿戴整齐，举止有度，站立、走动、交谈文雅大方
图书馆看书	移动椅子时要注意不发出声响，以免影响其他人阅读
	对开架图书应逐册取阅，不要同时占有多份
	遇到有价值的资料想收藏时，应与管理人员联系，经允许后方可复印或照相
	遇到熟人时不要和其高声谈笑

图书馆看书的正常行为如图5-2所示。

图 5-2　图书馆看书

3. 员工在图书馆不好的表现行为

员工在图书馆不好的表现行为见表5-2。

表5-2　　　　　　员工在图书馆不好的表现行为

员工在图书馆不好的表现行为
- 在图书馆内阅览时，翻书声音过大
- 阅览时，边吃零食边看书
- 扔废纸，玩手机，聊天
- 查阅图书目录卡片时，在卡片上涂画，乱翻
- 穿拖鞋，衣着不整洁
- 占座位，包和随身物品乱放桌面

图书馆看书不雅行为如图5-3所示。

图 5-3　图书馆看书不雅行为

4. 员工在体育场所锻炼的注意事项

（1）穿运动鞋，尽量不穿硬底鞋、带尖硬钉子的鞋、高跟鞋等。
（2）爱护运动器械，健身前先进行热身练习。
（3）运动过程中，如突然出现身体不适，应立即停止运动。
（4）不应用物体敲击、刻划篮架等设施。
（5）不随地吐痰、吐口香糖，禁止抛洒有色饮料等。
（6）拒绝边吃边运动，避免食物残渣等脏污运动设施。

5. 员工在休闲场所游览、参观的礼仪要点

（1）游览着装以休闲装为主，如牛仔服、运动服等，参观博物馆宜穿戴整齐。
（2）文明有序排队，不蜂拥而上，服从工作人员的管理。
（3）不应到危险或不宜攀爬的地方照相。
（4）拍照、摄像时应当相互谦让。
（5）自觉保护环境卫生，不随地吐痰，不乱扔果皮、纸屑、烟蒂等。
（6）注意爱护休闲场所和其他旅游景点设备。
（7）带孩子的家长，教育孩子守秩序、讲公德、不大声喧哗。

6. 员工旅游观光的注意要点

（1）维护环境卫生。不随地吐痰，不乱扔废弃物。
（2）遵守公共秩序。不喧哗吵闹，不并行挡道，不高声交谈。
（3）保护生态环境。不踩踏绿地，不摘折花木和果实。
（4）保护文物古迹。不在文物古迹上涂刻，不攀爬触摸文物。
（5）讲究以礼待人，衣着整洁得体。
（6）尊重他人。

(7)尊重服务人员的劳动。
(8)跟团游时应树立集体观念、时间观念。

7. 员工听音乐会的注意事项

员工听音乐会礼仪要点见表5-3。

表5-3　　　　　　　　员工听音乐会礼仪要点

序号	要点	具体内容
1	提前准备	了解一下作曲家、乐曲的背景资料等
		穿着得体大方是对演出者的尊重和礼貌
2	准时入场	最好能在开演前15分钟左右到场
		最好不要中途退场
3	维护良好环境，不制造噪声	安静倾听是音乐会最起码的礼仪
		手机关机或静音
		不交头接耳、窃窃私语或发出打拍子声
4	鼓掌常识	音乐会开始时，应鼓掌迎接指挥上台
		整首交响乐或整组乐曲全部演奏完毕时，才一起鼓掌
		乐章之间和组曲之间一般不鼓掌
5	安静有序退场	结束时，待演奏者谢幕时，全场应起立鼓掌，以示尊敬
		乐队首席（坐在第一小提琴最前面的那位）没有起身退场，观众最好不要匆忙起身退场
		让身旁的老年观众先走，男士让女士先走

8. 员工集体参观的礼仪要点

员工集体参观礼仪要点见表5-4。

表5-4　　　　　　　　员工集体参观礼仪要点

序号	项目	具体内容要求
1	准备工作	合理分工，领队、接洽、翻译以及交通、膳食、记录、拍照等都落实到专人负责
2	进行参观	注重个人的举止，穿戴整齐，站、走、坐规矩大方
		言行有规，不高谈阔论，不随意评头论足
		参观的时候，不随地吐痰，不乱扔垃圾
		参观有一定的路线，不临时提要求，使主办方为难

续表

序号	项目	具体内容要求
2	进行参观	集体参观的时候，不应趁机处理个人的私事
		外出要请假，归队要准时
3	特殊区域参观	入乡随俗，如在少数民族地区，应遵守当地的习俗、尊重当地的习惯
		在有宗教信仰的地区，应尊重其信仰，不随意评论，不模仿

参观行为如图5-4所示。

图5-4　参观行为

9. 员工看比赛的注意事项

员工看比赛礼仪要点见表5-5。

表5-5　　　　　　　　员工看比赛礼仪要点

序号	注意点	具体内容
1	准备入场	持票排队入场，有序坐好，穿戴适宜
2	观看礼节	注意自己的言行举止，应大方得体
		可以为你所喜欢的一方欢呼和呐喊，不应辱骂另一方
		避免起哄、乱叫、向场内扔东西、鼓倒掌、喝倒彩等不文明行为
		不要把果皮、纸屑、饮料瓶等随地乱扔
		吸烟可以到休息厅或吸烟区
		不带年龄太小的孩子去，孩童来回跑跳、哭闹，既不安全也影响周围的观众
3	有序退场	不拥挤退场，文明有序，不要发生口角争执
		看好自己的包裹，以防丢失

10. 员工出国购物、参观、旅游的礼仪要点

员工出国购物、参观、旅游的礼仪要点见表5-6。

表5-6　　　　员工出国购物、参观、旅游的礼仪要点

序号	项目	具体内容
1	出国购物	在商店购物不宜多摸、多动，如选购也不能打开包装
		在免税商店购物时，外国旅客需出示护照，由商店填写一份免税单交给顾客。出境时，将免税单和所购商品一同交海关核对
		所购物品应随身携带，不要装箱托运
		注重自我形象，不拥挤、不抢购，尊重当地习惯与风俗
2	出国参观	了解参观项目的历史、现状、发展前途、主要特色等
		理解和尊重，不评判是非、鉴定优劣
		东道主迎送参观者时，与对方进行应酬、寒暄
		参观时要认真、集中注意力
		个人服从集体统一安排，参观中要看好、听好、问好、记好
3	出国旅游	结合当地气候穿休闲类服装、鞋，多备1~2套衣服
		吃自助餐、西餐时，应事先了解一些西餐礼仪知识
		吃自助餐时应注意：取菜要按顺序；取食数量"力"而行
		入住酒店时，不要争抢，更不要在酒店大堂内大声喧哗
		服务生把行李送至房间，除了表示感谢外，还应给小费（一般可给1美元或折合成等值的当地货币）
		遵守交通法规，走人行横道。
		其他：在英语国家，人们每天用得最多的词有三个：thank you（谢谢）、sorry（对不起）、excuse me（请原谅）

11. 员工之间庆祝升职的礼节

员工之间庆祝升职礼节见表5-7。

表5-7　　　　　　员工之间庆祝升职礼节

员工之间庆祝升职礼节
- 方式多样，如发短信、摆庆功酒、送礼品等方式
- 庆祝、祝福要及时，要真诚、礼貌、友善
- 不夸大，不事后补办，不要表现得虚情假意

12. 员工探望住院同事的礼节要点

员工探望住院同事的礼节要点见表5-8。

表5-8　　　　　　　员工探望住院同事的礼节要点

序号	项目	内容
1	遵守医院规则	遵守探视病人的时间规定,有利于病人的休息
2	事先了解病情	探视病人之前,应与对方约定好前往的人数、时间等
2	事先了解病情	对病人所患疾病和病情应有所了解,以便探视时携带合适的礼物
3	言行举止得当	神态平和。探病时穿着要日常化,进病房时,脚步要轻
4	诚意看望	到病床前,可主动与病人握手,尽量与病人保持平视状态
4	诚意看望	少问为佳。探视时要多安慰和鼓励,不过多询问
4	诚意看望	把握时间。探视时间不宜太长,一般不要超过半小时
4	诚意看望	语气柔和,不要大声说笑
5	携带合适的礼物	探望病人要看对象带礼物
6	及时告退	表达心意到,关心问候到,及时告辞

13. 员工之间相互馈赠礼物的礼节要点

员工之间相互馈赠礼物的礼节要点见表5-9。

表5-9　　　　　　　员工之间相互馈赠礼物的礼节要点

礼节	要点
送礼的礼节	时机要恰当,讲究时效性
送礼的礼节	包装要精美。赠送他人礼品尤其是正式场合赠送的礼品,一般都应认真包装
送礼的礼节	方式要得当。赠礼方式大致有当面赠送、邮寄赠送和托人赠送这三种。当面赠送是最常见也是最有效的赠礼方式
送礼的礼节	举止要大方。赠送礼物时要神态自然
受礼的礼节	接受礼物时,不管礼品是否符合自己的心意,都应双手捧接,表示感谢
受礼的礼节	接受他人的馈赠后,在适当的时机和场合应当有回礼
受礼的礼节	回礼可以在赠礼者临走时回赠,也可以在接受礼物之后隔一段时间登门回拜,顺便赠送适宜的礼物以表谢意
受礼的礼节	只要不是贿赂性礼品最好不要拒收,否则会让赠礼人有失面子

第五章　社交礼仪

送礼与受礼如图5-5所示。

图 5-5　送礼与受礼

14. 员工送礼的礼物选择要点

员工送礼的礼物选择要点见表5-10。

表5-10　　　　员工送礼的礼物选择要点

员工送礼选择
- 投其所好，精心挑选，注重其代表的含义
- 礼品要轻重适宜，价格与情义兼顾
- 注意包装，结合艺术性和高雅的情调
- 礼品选择要考虑场合，祝贺庆典与祝贺生日不同
- 礼品选择要规避禁忌，多了解个人和地方风俗
- 处理好有关单据，免得送礼送出麻烦

礼品的选择如图5-6所示。

图 5-6　礼品选择

15．员工馈赠字画和工艺品的注意事项

（1）要尊重风俗习惯、民族差异和宗教信仰等形成的禁忌。

（2）注意礼品的品种、色彩、图案、形状、数目和包装等。

（3）选择礼品要了解受礼对象的个人忌讳。

（4）遵守国家的有关规定，不选违法、违规的物品作礼品。

（5）礼品具有一定的宣传性、纪念性、独特性、时尚性、便携性。

第五章 社交礼仪

案例分析

李明一个办公室的老孙最近住院了,他约了周琴等几个同事一起去医院看望,大家提议买点水果,送束花,祝福他早日康复。

他们一行几人来到医院,周琴发现自己的高跟鞋走路声音太响,蹑手蹑脚都快不会走路了,后悔应该换个便利的鞋子。他们陪老孙聊了一会儿,李明手机振动,他快速去走道接了电话,发现走道一个看望病人的家属在打电话,说着台州方言,声音大,有些是气话,像个吵架的态度,轻声暗示他说话声音轻点,以免吵到病人,暗示了两次这个人才反应过来,点头答应了。

回来的路上,李明心想在公共场合不妨碍他人是基本修养。

你认为公共场合包括哪些礼仪修养?请举例说明。

第六章 餐饮礼仪

Chapter Six

1. 赴宴礼仪

（1）礼貌回复邀请。向对方回复接受邀请，如答应赴宴，非万不得已，不得失约。

（2）掌握到达时间。出席宴会前，要查询出行路线，选择合适的交通工具，并适时到达，忌太早或太晚到达。

（3）姿态优美。衣着规范、仪容洁净、举止优雅，胸部和餐桌相距20厘米。

（4）进餐有礼。进餐文雅，交谈时轻声细语。

2. 中餐就座，尊位安排方法

古时座次"尚左尊东""面朝大门为尊"；现代是右高左低原则，右者为上。宴请时，餐桌上位次排列的基本原则有：

（1）主人大都应面对正门而坐，并在主桌就座。

（2）举行多桌宴请时，每桌都要有一位主桌主人的代表在座。

（3）各桌位次的尊卑，应根据距离该桌主人的远近而定，以近为上，以远为下。

（4）各桌位次距离主人相同时，讲究以右为尊，即以该桌主人面向正门为准，主人右为尊，左为卑。

中餐就座尊位示意图如图6-1所示。

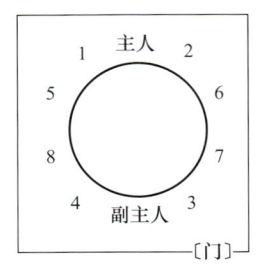

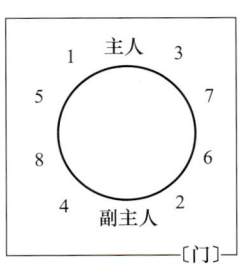

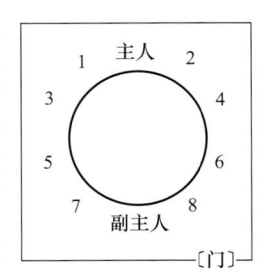

图6-1 中餐就座尊位示意图

3. 赴宴时的个人形象

（1）仪容。仪容要力争做到美、净、雅。男士不准蓬头垢面，女士不宜化妆过浓或素面朝天。

（2）举止。当众挠头皮、擤鼻涕、挖耳孔、剔牙齿、抠脚丫、对人指指点点、双脚或单脚抖动不止等，都是不雅行为。

（3）服饰。不应选择背心、短裤、拖鞋等。

（4）待人接物。尽量礼貌、谦和、周到。

（5）表情。亲切、热情、友好、自然。无论是表情过度夸张，还是表情过于沉重，抑或面无表情，都是赴宴时应该避免的。

（6）谈吐。与他人交谈时，语速、音量适中，还应使用规范的尊称、谦词、敬语、礼貌语。

4. 用餐礼仪

（1）忌用餐时口中发出巨大声响，咀嚼时应闭嘴咀嚼。

（2）忌用餐时整理衣饰，或化妆、补妆。

（3）用餐期间不宜吸烟。

（4）忌用自己的餐具为别人夹菜、舀汤或取其他食物。

（5）用餐时忌乱挑、翻拣菜肴或其他食物。

（6）留意主人或领导的用餐速度，切忌太快或太慢。

（7）忌用餐具指点他人或敲打餐具。

（8）忌不加遮掩地当众剔牙。

（9）忌口中含有食物时还高谈阔论，导致边说边喷。

（10）忌眼睛一刻不停地盯着菜肴，一副饿相。

5. 中餐点菜礼仪

点菜时，可根据以下三个规则：

（1）看人员组成。一般来说，人均一菜是比较通用的规则。如果男士较多时可适当加量。

（2）看菜肴组合。一般来说，一桌菜最好是有荤有素、有冷有热，尽量做到全面。如果桌上男士多，可多点些荤菜；如果女士较多，则可多点几道清淡的蔬菜。

（3）看宴请的重要程度。若是普通的商务宴请，那么可点一些常见菜肴；如果宴请的对象是比较关键的人物，那么则要点上几个够分量的菜。优先考虑的菜肴：①有中餐特色的菜肴；②有本地特色的菜肴；③餐馆的特色菜。

在安排菜单时，还必须考虑来宾的饮食禁忌，这些禁忌主要有：①宗教的饮食禁忌；②出于健康的原因，对于某些食品的禁忌；③不同地区，人们的饮食偏好也往往不同；④有些职业，出于某种原因，在餐饮方面往往也有各自不同的特殊禁忌。

6. 餐巾礼仪

（1）把餐巾打开，先对折，再将褶线朝向自己，铺在双腿上。

（2）忌别在领口上或挂在胸前。

（3）餐巾是用来保洁衣服的，可擦拭口部，但不可擦汗、擦脸及脖子、擦餐具。

（4）餐巾可用来掩口遮羞，用于吐东西或者当众剔牙时进行遮挡。

（5）用餐完毕，将餐巾放在桌上。

7. 筷子礼仪

（1）不要用筷子去搅菜。

（2）不要拿着筷子在菜肴上乱挥舞，或在空中游曳而迟迟不下手。

（3）不要把筷子放在嘴里，或用舌头舔食筷子上的附着物。

（4）不可用筷子当乐器相互敲击，或用筷子敲打碗碟、桌面。

（5）切不可将筷子竖插于饭菜中。

（6）不要把筷子当牙签，或用指甲等当牙签。

（7）不要用筷子指点别人。

（8）使用其他餐具前应先将筷子放下。

（9）筷子不慎掉地上后，应请服务生另外取一双。

筷子的摆放方式与使用筷子的不雅行为如图6-2所示。

(a)　　　　　　　(b)

图6-2　筷子的摆放方式与使用筷子的不雅行为
(a)筷子的摆放方式；(b)使用筷子的不雅行为

8．自助餐的注意事项

（1）取餐按照餐厅设定的方向顺向排队，不可逆向行进，更不可插队。

（2）一次不可取太多，吃完一盘后再去取用，避免在面前同时摆放多个盛满食物的餐盘。

（3）如是宴请或者聚会，应等同桌所有人都取完菜落座后，一起开始用餐。

（4）再次取菜时，不使用已使用过的餐具。

（5）不宜将所取的食物带出餐厅。

（6）不宜将宠物带进餐厅。

自助餐礼仪如图6-3所示。

图6-3　自助餐礼仪

9. 西餐桌次安排

在排定用餐位次时，主位一般应请女主人就座，而男主人则须退居第二主位。

（1）西餐座次安排原则：

　　1）恭敬主宾。

　　2）女士优先。

　　3）以右为尊。

　　4）面门为上（又叫迎门为上）。

　　5）交叉排列。

（2）西餐宴席座次安排。在西餐用餐时，人们所用的餐桌有长桌、方桌和圆桌，最常见、最正规的西餐桌当属长桌。

以长桌排位，一般有两种方法：①男、女主人在长桌中央对面而坐；②男、女主人分别就座于长桌两端。

在西餐里，使用方桌、圆桌排位的状况并不多见。

西餐桌次安排如图6-4所示。

图 6-4　西餐桌次安排

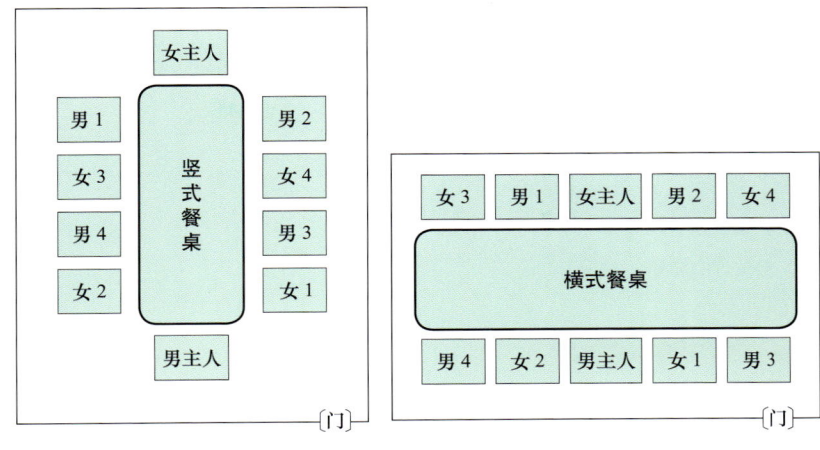

10. 西餐的摆台要点

西餐宴会摆台示意图如图6-5所示，西餐摆台要点见表6-1。

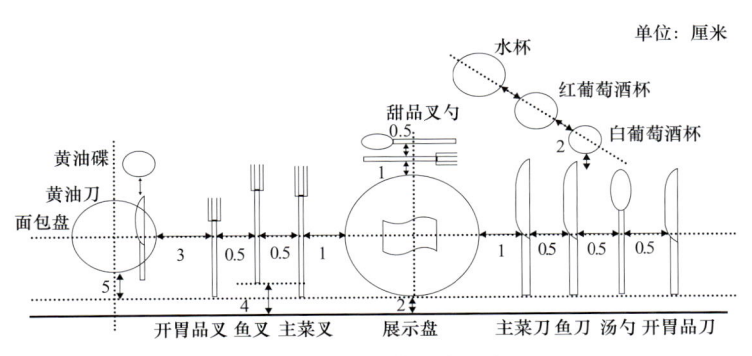

图 6-5　西餐宴会摆台示意图

表6-1　　　　　　　　　　西餐摆台要点

餐具	摆放
展示盘、餐巾	展示盘置于每个餐位的正中，盘边距桌边2厘米； 餐巾摆放于展示盘内，正面向客人； 展示盘必须洁净，无水迹、无指印

续表

餐具	摆放
主菜刀、主菜叉	主菜刀位于展示盘右侧，刀柄下端距桌边2厘米，刀刃朝向左侧； 主菜叉位于展示盘左侧，叉柄下端距桌边2厘米； 餐具保持清洁，不允许用手直接接触刀面和叉前端
面包盘、黄油刀	面包盘置于展示盘左侧，与展示盘间距5厘米； 黄油刀摆放于面包盘上，靠右端，刀刃朝向左侧
红、白葡萄酒酒杯	白酒杯摆放于开胃品刀上方2厘米处； 酒杯要洁净，无破损、无水迹、无指印

11. 西餐的上菜顺序

（1）头盘。西餐的第一道菜是头盘，也称为开胃菜。一般有冷头盘或热头盘之分，常见的品种有鱼子酱、鹅肝酱、焗蜗牛等。

（2）汤。西式的汤大致可分为清汤、奶油汤、蔬菜汤和冷汤四类。

（3）副菜。通常是蛋类、面包或酥盒菜肴品。

（4）主菜。肉类、禽类菜肴是西餐的第四道菜，也称为主菜。

（5）蔬菜类菜肴。蔬菜类菜肴可以安排在主菜之后，也可以与主菜同时上桌。

（6）甜品。西餐的甜品一般在主菜后食用，可以算作第六道菜。它包括蛋糕、煎饼、冰淇淋、巧克力等。

（7）咖啡或茶。西餐的最后一道是上饮料、咖啡或茶，最好是红茶、黑咖啡等。

12. 西餐用餐礼仪

（1）从椅子的左边入座，手肘不要放在桌面上。

（2）右手持刀或汤勺，左手拿叉，汤勺应放在餐刀的右边。

（3）红酒配红肉（牛排），白酒配白肉（海鲜、鸡肉）。

（4）几道菜就会放置几把餐具，应由最外面的一把依次向内取用，每个餐具使用一次。

（5）中途暂时离开时，将餐巾放在自己的椅背上或椅子上。

（6）不用餐刀时，应将餐刀横放在盘子的上方，刀刃朝内。

（7）面包用手掰着吃，吃色拉、水果、奶酪用叉子。

（8）嘴里有果核时，应先缓缓吐在叉子上，再放入盘内。

（9）喝汤时不能发出声音，也不要吸着喝，应用汤勺将汤送入口中，汤勺的方向应由内而外。

（10）用净手钵洗手时，放入水中的手指不能超过三个。

（11）中途休息时，应把刀叉以"八"字形摆在盘子中央，刀锋朝内、叉齿向下。

（12）用餐完毕，刀叉应并排置于盘上，刀锋朝内、叉齿向上，最后从椅子的左边撤离。

13．吃西餐时的注意事项

（1）女士就餐时不穿高筒靴、不戴帽子，用餐前先擦去口红。

（2）吃肉时宜切一块吃一块，肉的大小，以一口为宜。

（3）吃面条时要用叉子先将面条卷起，然后送入口中。

（4）吃鸡、龙虾等食物时，可用手撕开吃。

（5）吃西餐时头部始终要抬起向前看，不要将碗碟端起来吃。

（6）口中的骨头、鱼刺不要直接外吐，用手或筷子取出。

（7）不能随意脱下领带或挽袖、解扣。

（8）口含食物时切忌说话，剔牙时应用手或餐巾遮挡。

（9）不要隔人取食。

（10）如果打喷嚏或咳嗽，要用餐巾或手帕捂住嘴或鼻子并转过脸去。

（11）吃剩的鸡、鱼骨头和渣子放在展示盘的边缘，不要放在桌上。

14. 西餐刀叉使用的注意事项

在西餐中，能正确使用刀叉反映了一个人的修养：

（1）在西餐刀叉使用的时候，要注意按从外到内的取用顺序（见图6-6）。

（2）在使用刀叉的时候，要用右手持刀，左手持叉（见图6-7）。

（3）进餐时，要用左手拿叉按住食物，右手用刀切割食物，最后用叉子来进食。

图6-6 刀叉的使用顺序

（4）在用餐完毕之前，使用西餐刀叉的过程中，刀刃部分是不能朝外放置的（见图6-8）。

（5）暂时离开餐桌时，刀叉一定要摆成"八"字的形状，分别放在展示盘的边缘。

（6）如果想在进餐的时候交谈，可以不用把餐具放下。

（7）交谈时，不能将刀叉在空中挥舞，这是很不礼貌的行为。

（a） （b）

图6-7 刀叉的使用方式
（a）正确使用方式；（b）错误使用方式

图 6-8 刀叉摆放的暗语

（8）无论在何时，都不能将刀叉一端放在桌子上，另一端放在盘子上。尽量将柄放入餐盘内，这样可以避免因碰触而掉落，服务生也较容易收拾。

15. 吃甜点水果时的注意事项

（1）蛋糕及派，用叉取食；较硬的食物用刀切割后，用叉取食。吃面包切忌用刀切割。

（2）冰淇淋、布丁等，用匙取食；小块的硬饼干，用手取食。

（3）粒状水果如葡萄等，可用手取食，如需吐籽，应吐于掌中再放在碟里。

（4）吃完水果后，常上洗手钵，所盛的水，只用来洗手指，勿将整只手伸进去。

16. 吃海鲜时的注意事项

（1）食用半只龙虾时，应左手持叉，将虾尾叉起，右手持刀，压住虾壳，用叉将虾肉拖出再切食，如图6-9所示。

（2）食用完整的全鱼时，宜先将头、尾切除，再去鳍，将切下的头、

图 6-9 吃海鲜时餐具的用法

尾、鳍放在盘子一边，再吃鱼肉。

（3）去除鱼骨，要用刀叉，不能用手。吃海鲜不宜喝啤酒。

（4）吃全鱼时，吃完鱼的上层后切勿翻身，应用刀叉剥除龙骨再吃下层鱼肉。

17．饮酒礼仪

（1）斟酒（指葡萄酒、香槟酒）以斟到酒杯容量的2/3为宜。

（2）斟酒时酒杯放在餐桌上，酒瓶不要碰到杯口（相距5厘米）。

（3）敬酒时将酒杯高举齐眼并注视对方，最少要喝一口酒以示敬意。

（4）女士不宜为男士的健康而干杯。

（5）举杯时忌翘起小手指，尤其是男士。

（6）酒量适度，保持文雅的酒态。

（7）忌猜拳行令，吵闹喧嚣。

（8）喝酒时，勿使酒顺着嘴角往下流。

（9）忌边喝酒边透过酒杯看人，显得鬼鬼祟祟。

（10）一般先喝白葡萄酒，再喝红葡萄酒，先喝不甜的，再喝甜的。

（11）向长辈、领导敬酒时，酒杯杯口应低于对方的酒杯杯口。

饮酒礼仪展示如图6-10所示。

图6-10 饮酒礼仪展示

18. 饮茶的礼仪

（1）先尊后卑，先老后少。敬茶时，到人家跟前说声"请用茶"，对方可回以"谢谢"。第一次斟茶时，要先尊老、后卑幼，第二遍时就可按序斟上去。

（2）先客后主，司炉最末。在敬茶时应先敬客人再敬自家人，在场的人全都喝过茶之后，司炉者（俗称柜长，指泡茶者）才可以饮喝。

（3）接受斟茶时，要有回敬。喝茶者是长辈，应用中指在桌上轻弹两下以表示感谢；喝茶者是小辈或平辈，则用食、中指在桌面轻弹两次表示感谢。

（4）喝茶皱眉，表示嫌弃。客人喝茶时不能皱眉，主人如果发现客人皱眉，就会认为客人嫌弃茶叶口感不佳。

（5）头茶不喝。主人冲茶时，头冲必须冲后倒掉不可喝，因为里面有杂质。

（6）新客换茶。宾主喝茶时，中途如果有新客加入，主人应表示欢迎，立即换茶，换了茶叶之后的二冲茶应新客先饮，新客不宜过分推让。

饮茶礼仪展示如图6-11所示。

图6-11 饮茶礼仪展示

19. 喝咖啡的注意事项

（1）拇指和食指捏住杯把儿再将杯子端起，不可双手握杯。

（2）喝咖啡时，用右手拿着咖啡的杯耳，缓缓地移向嘴边轻啜；不宜大口吞咽，也不宜俯首去就咖啡杯。

（3）喝咖啡时，不要发出声响，应慢慢儿品尝，大约5分钟喝完。

（4）饮毕应立即将咖啡杯置于咖啡碟中，添加咖啡时，不要把咖啡杯从咖啡碟中拿起来。

（5）给咖啡加糖时，砂糖可用咖啡匙舀取，直接加入杯内；也可先用糖夹子把方糖放在咖啡碟的近身一侧，再用咖啡匙把方糖加入杯子里。

（6）用咖啡匙把糖搅拌均匀，饮用时应当把它取出来，切忌将咖啡匙竖在杯中。

（7）不能用咖啡匙舀着咖啡一匙一匙地喝。

（8）喝咖啡时应放下点心，吃点心时则应放下咖啡杯。

（9）可以用咖啡匙在杯中轻轻搅拌使之冷却，或者等待其自然冷却后再饮用。用嘴试图把咖啡吹凉，是很不文雅的动作。

（10）喝咖啡最好不超过三杯。

喝咖啡礼仪展示如图6-12所示。

图 6-12　喝咖啡礼仪展示

案例分析

案例一：

晓昕和男友相恋一年多，决定请自己的父母和男友见个面吃顿饭。晓昕的男友火速预定了熟悉的餐厅，点了很贵的菜，并在饭局上努力表现自己，想赢得二老的认可。

回到家后，晓昕的父母却说："你这个男朋友不怎么样！他订餐厅时并没有征求过你的意见，也没有问过我们的饮食口味，就自作主张定了自己喜欢吃的菜；周末高峰上菜慢，他反复催促服务员，态度很不友善，动辄就要投诉、叫经理，让服务员非常难堪；吃饭过程中他的手机响了，他自顾自地接起来，边吃边接了十几分钟的电话，全然不顾大家的感受；整个用餐过程中都没有照顾你，只是阿谀奉承地应付我们……我们觉得他对待服务员的态度就是将来对待你的态度，你好好考虑考虑吧。"

听完父母的判断，晓昕犹豫了……

案例二：

刘强的公司拟和一家英国公司洽谈业务。为了显示公司的诚意，老总让刘强好好准备准备，晚上陪他去请英国客人吃西餐。

刘强以前从未进过正规的西餐厅，但想到自己看过"憨豆吃西餐"的电视，再说不就是吃个饭嘛，所以没有做其他的准备，穿着一身夹克衫、牛仔裤、运动鞋就去了。

入座后，刘强拿起餐巾，将餐具擦拭了一遍后，像电视中的"憨豆先生"一样将餐巾披进领口，铺在胸前；看到漂亮的小玻璃碗，碗边插着柠檬片，里面盛着飘着玫瑰花瓣的水，便端起小碗将水一饮而尽，并示意老板"西餐厅的水就是讲究，喝吧"；吃牛排时，刘强不习惯用刀和叉，便用刀将牛排扎起来啃着吃，吃了一口后马上用叉指着服务员叫道："这牛排不太熟啊，给我换一块！"……

他没有发现，老板的脸色已经越来越难看了……

第七章 出行礼仪

Chapter Seven

1. 出行的"四尊三上"理念

出行礼仪可概括为"四个为尊，三个为上"，即：意识上，要以长者为尊、客户为尊、领导为尊、女士为尊；行动时，要以安全为上、尊重为上、便利为上。

2. 员工乘坐公交的基本礼仪

员工乘坐公交的礼节见表7-1。

表7-1　　　　　　　　员工乘坐公交的礼节

序号	要点	具体内容
1	遵守规定	排队等候，保持适当间距
		先下后上，不要追赶车辆，以免发生意外
		不携带易燃易爆等危险物品上车
		上车后主动购票、投币或出示月票，不逃票
		车辆行驶过程中，不与驾驶员闲谈
2	文明礼貌	上车后不要挡住车门，要往里走
		带小孩的乘客应照看好孩童，避免碰撞、打扰他人
		不要吸烟、饮食或随意丢弃垃圾
		交谈时避免大声说笑
		遇到老、幼、病、残、孕时要主动让座
3	保管好携带物品	保管好个人财物，以防盗窃
		收好雨具用品，不妨碍他人
		物品是尖、硬、脏、湿、腥物等要注意包装好，并提醒周围乘客注意

3. 员工乘坐地铁的基本礼仪

（1）购票和进闸时，排队通行。候车时，按地面标识排队。

（2）上下车做到先下后上，井然有序，切勿抢上、抢下。

（3）注意安全。如有物件掉落到轨道线内，应立即通知工作人员处理，千万不要擅自跳下站台。

（4）在楼梯、自动扶梯上应遵循"靠右单行"的规则。
（5）保持地铁站台、车厢内环境整洁，避免污秽。
乘地铁行为如图7-1所示。

图 7-1　乘地铁行为

4．员工乘坐飞机的基本礼仪

员工乘坐飞机的礼节见表7-2。

表7-2　　　　　　　　员工乘坐飞机的礼节

项目	主要内容
提前到达机场，做好充分准备登机	需要取登机卡、托运行李、通过安全检查等，带齐证件和机票，留出充足的时间完成登机
	上、下飞机时，可以对空乘人员点头致意或者问好
	对号入座，并按照规定关闭手机、电脑等电子设备
飞机起飞转机	系好安全带，收起面前的小桌板，同时将自己的座位调直
	不要在座位间频繁进出，以免影响他人休息
	合理使用卫生间
	坐卧的姿势以不妨碍他人为好
	对身边的乘客可打招呼或稍作交谈，不影响他人
到达目的城市	收拾物品，不遗留物品、不妨碍他人
	排队有序出舱，不拥挤，不高声打电话通知接机人员
意外情况：飞机误点，改降、迫降时	不紧张，不良情绪不宜随便发泄；不向空乘人员发火；及时通知接应人员

5. 员工乘坐火车的基本礼仪

乘坐火车的礼仪要点见表7-3。

表7-3　　　　　　　　乘坐火车的礼仪要点

序号	项目	具体内容
1	准备工作	提前到达火车站，时间上做好充分准备
		通过安全检查，务必带齐证件和火车票
		留足充分的时间完成上车前的准备工作
2	火车上	对号入座，放好物品并保管好
		妥善放置随身物品，不要放置在上、下车的走道上，更不能用提包行李抢占座位
		让上座给同事、领导，如临窗的座位、与车辆行驶方向相同的座位
		遇到熟悉的人，不宜高声喧哗
		维护乘车环境，不要吸烟或随意丢弃垃圾
3	下车	有序下车，不拥挤，收拾好物品及时下车

6. 员工乘坐轿车的基本礼仪

（1）如果由主人亲自驾驶，以副驾驶座为首位，后排右侧次之，左侧再次之，而后排中间座为末席。

主人亲自驾车，若同坐多人，中途坐前座的客人下车后，在后面坐的客人应改坐前座，此项礼节最易疏忽。

（2）女士登车时，不要一只脚先踏入车内，也不要爬进车里。

（3）小轿车的座位，如有专职司机驾驶时，以后排右侧为首位，左侧次之，中间座位再次之，副驾驶座殿后。

（4）注意卫生。不要在车内连吃带喝；不要向车外扔垃圾、吐痰。

坐轿车的座位安排如图7-2所示。

图 7-2　轿车座位安排

7. 与同事、领导乘坐轿车出行的基本礼仪

与同事、领导一起乘坐轿车外出，在礼仪方面应注意以下几点：

（1）主动打开车门，以手示意，待领导和客人坐稳后再关门（见图 7-3）。

（2）一般车的右门为上、为先、为尊，应请领导、女士先上车，自己后上；关门时切忌用力过猛。

（3）乘坐轿车时，其座次自高而低为：后排右座，后排左座，后排中座，前排右座。

（4）上下车时应动作轻缓，女士要注意姿态，背入正出，膝盖始终并拢。

图 7-3　与同事、领导轿车出行，主动开车门

（5）不在车上吃东西、抽烟，不往车外随意抛物。
（6）遵守交通规则，不随意变道，礼让行人。

8. 员工乘电梯的基本礼仪

（1）先出后进，有序进出。
（2）长者优先，领导优先，客人优先，女士优先。
（3）进电梯后尽量不站在进门处，面朝门同一方向站立。
（4）等待即将到达者，主动帮助不方便者按其将要去的楼层。
（5）对客户要主动帮按电梯，送客户要礼貌周到。
（6）遇到熟人、同事时，可以点头招呼或鞠躬问候。
乘电梯的礼节如图7-4所示。

图 7-4　乘电梯的礼节

9. 员工乘电梯的不好行为和习惯

（1）请别人帮忙后忘记感谢。
（2）越过别人身体去按按钮。
（3）吃东西、整衣服、化妆、补妆、吸烟等不雅行为。
（4）拥挤着进出电梯，保持的距离不够。
（5）交谈或招呼人的声音有点吵。
（6）开着的电梯口握手告别、迎接客户。
乘电梯的不雅行为如图7-5所示。

图 7-5　乘电梯的不雅行为

10. 员工乘公共电梯的注意事项

（1）不在电梯里扒门，进出时避免拥挤踩踏。

（2）照顾老幼病残孕者，主动让行。

（3）拎着的物品避免碰撞到别人。

（4）切勿为了等人让电梯长时间停留。

（5）如果有人为你扶门，要说声"谢谢"。

（6）与尊长、女士、客户同乘电梯时，可视电梯类别区分：无人控制的电梯，陪同人员应先进后出；有人控制的电梯，陪同人员应后进后出。

（7）在电梯里不乱扔垃圾，不高声喧哗。

乘公用电梯的礼节如图7-6所示。

(a)　　　　　　　　　　(b)

图 7-6　乘公用电梯礼节
（a）错误行为；（b）正确行为

11. 员工乘船外出的基本礼仪

（1）有序上船，对号入座，避免因拥挤而发生危险。
（2）晕船时应卧床休息，呕吐应去洗手间或者使用呕吐袋。
（3）出入舱口或过道时，应礼让他人，尤其是老人和儿童。
（4）凡是标明"旅客止步"的地方不要进入。
（5）吸烟的乘客要在指定区域吸烟。
（6）室外活动注意安全，切勿擅自下水。

12. 员工集体乘坐大巴车出行排序的礼节规范

（1）大巴车离门近处为主座，由前向后，由右往左。
（2）标准的做法是客人坐在哪里，哪里就是上座。
（3）注意礼貌谦让，发现不适应者要及时调整座位并妥善处理。
乘大巴车的座位安排如图7-7所示。

图 7-7　乘坐大巴车的座位安排

13. 员工与领导一起外出住宿的注意事项

（1）与领导充分沟通，了解出差目的、必备物品、外出工作内容。

（2）根据工作内容准备相关的文件、资料、礼品等，安排好领导的行程。

（3）入住宾馆，要及时将同行者所住房号、内部电话提供给领导，以便及时联络。

（4）时间观念要强。与随行人员约定好出发时间及行车路线，及时出发。

（5）要保持通信联系。

14. 办理住宿酒店的基本礼仪

（1）提前预约房间。

（2）如果实际到达时间将比预定时间晚，则要尽快联系宾馆，告知是否要取消预订。

（3）配合酒店总台服务员出示自己的有效身份证件，办好住宿登记手续。

15. 宾馆礼仪

（1）问询时应该耐心等候或与其友好交谈。

（2）尊重服务人员，交谈和询问应该使用礼貌用语，行为举止符合礼仪规范。

（3）不与他人发生口角之争，不吵闹，不酗酒。

（4）宾馆内吃饭应注意时间点，着装应得体不失身份。

（5）注意自身和财产安全，爱护宾馆物品。

（6）安全使用热水壶和客房内其他用品。

（7）除非万不得已，一般晚上十点以后尽量不麻烦客服人员。

16. 使用宾馆内体育和娱乐设施的注意事项

（1）在宾馆内娱乐、健身时，打扮以行动方便为宜。
（2）娱乐时，注意保管好钱包、贵重物品及证件。
（3）根据自身的条件参与合适的项目，不参与涉嫌违法的娱乐活动。
（4）娱乐健身时，要确保设施的安全性。
（5）不脏污、毁坏娱乐健身设施。

17. 员工在宾馆住宿的着装、与人交谈礼仪

员工在宾馆住宿的着装、交谈礼节要点见表7-4。

表7-4　　　员工在宾馆住宿的着装、交谈礼节要点

序号	项目	内　　容
1	着装	注意仪容仪表，穿着整洁、大方、得体
		在公共场所不赤脚，不穿背心、短裤等
		着装不应太夸张；不穿奇装异服
		女士的金银首饰或其他饰物应佩戴得当
2	交谈	在房间接待客人应有礼有节，柔声细语
		夜晚10点之后、早上8点之前和午休，不与人交谈
		交谈时间在1～3小时之间为宜
		咨询问题时，不能趾高气扬、咄咄逼人
		服务员进入客房打扫卫生、送开水和报刊时，应微笑并道谢

18. 员工住宾馆处理赠品的注意事项

（1）入乡随俗、尊重差异，对不感兴趣的赠品不能随手乱扔。
（2）当赠品不称心时不指责。
（3）赠品一般不宜作为礼物。
（4）不乱丢赠品，不向服务员索取更多份赠品。

案例分析

张伟和王晓要出差去厦门，约好在杭州火车东站检票口见。

张伟出了家门，坐电梯去地下车库自己开车过去，发现路上很堵，走走停停一个多小时才到火车东站，心里很窝火，想想自己坐公交车还能吃个早点，也能顺利到。

见了王晓，知道他坐地铁到东站很早就到了，很羡慕，决定下次外出乘地铁。

结合案例，请列出乘电梯、地铁、自驾车外出的3~5个主要注意事项。

第八章 出国礼仪

Chapter Eight

1. 到美国应注意的事项

（1）美国人大多开朗大方、热情自信、诙谐幽默。

（2）见面与离别时，会面带微笑地与在场的人们握手，也可能是一声亲切的"Hi"或习惯性地挥挥手，说声"Bye"。

（3）美国商人讲究高效率，商业活动节奏较快，决策也很迅速。

（4）喜欢别人直呼其名，绝不在同一地方留下三张以上名片。

（5）美国人时间观念很强，商务交往必须遵守时间，讲求实效，注重预约会晤，不喜欢"不速之客"。

（6）在休息日，美国人不喜欢被打扰谈公事。

（7）商务谈判时一定要带上熟悉美国法律的律师。注意谈判思维技巧，不必送礼，最好穿简洁的西服。

（8）交谈时宜保持在50厘米以外。注重男女平等，崇尚"女士优先"。

（9）对于婚姻状况不明的女性，不要冒失地称其为夫人。

（10）餐前习惯喝果汁，用餐中喜欢饮啤酒、葡萄酒等，餐后有喝咖啡的习惯。不喜欢鸡爪、海参等食物。

（11）不允许用餐时发出声响、吸烟、替他人取菜、当众脱衣。

（12）说到黑人，最好用"BLACK"一词，黑人对这个称呼会坦然接受。

（13）注重商品的包装，忌讳有蝙蝠图案的东西，忌讳黑色，忌讳"13"和"星期五"。

（14）点烟时忌用一根火柴连续点三次烟。

（15）盛行在圣诞节互赠礼品，并习惯当场打开，收礼人当面赞赏。

（16）忌讳别人说他们"长胖了"；忌讳送女士香水、化妆品等物品，特别忌讳赠送带有公司标志的便宜礼物。

（17）在美国，不付小费是不礼貌的。交谈时，应避免霸权主义和美国势力范围等不恰当话题。

美国标志性建筑自由女神像如图8-1所示。

图 8-1　自由女神像

2. 到加拿大应注意的事项

（1）加拿大人性格开朗、热情随和，多为英、法移民的后裔。

（2）加拿大人相对保守，反对与美国作比较。

（3）在官方活动中才会使用对方的头衔、学位、职务。

（4）上班穿西服、套裙，参加社交活动时，往往穿礼服或时装。

（5）赴约时要求准时，切忌失约；交谈时不插嘴、不打断对方的话。

（6）英裔加拿大人多信奉基督教，讲英语，性格上相对保守、内向一些；法裔加拿大人则大都信奉天主教，讲法语，性格上显得较为开朗而奔放。因此，被人戏称为"一国两制"。

（7）销往加拿大的商品，其商品名及商品说明必须要有英、法文对照。

（8）在宴席上，加拿大人喜欢用双数安排座位。

（9）白色的百合花主要被用于悼念死者。

（10）加拿大人不喜欢黑色；忌讳"13"和"星期五"。

（11）与加拿大土著居民进行交往时，千万不要将其称为"印第安人"或"爱斯基摩人"。

（12）喜欢外国人到加拿大投资办企业。

（13）加拿大人忌说"老"字，老人被称为"高龄公民"。

（14）交谈时，应避免涉及宗教、英裔与法裔加拿大人的矛盾及魁北克省要求独立等话题。

3. 到墨西哥应注意的事项

（1）墨西哥人热情、友好、宽厚、随和，讲究礼貌。

（2）墨西哥许多商人都会说英语，但与其交谈时最好说西班牙语。当收到对方用西班牙文写来的信函后，最好也用西班牙文回复，否则会被认为缺乏教养。

（3）被邀请去做客时，带上一束花、一瓶酒就可以，最好的礼物是带上一件有本国特色的工艺品。

（4）一般约会都不习惯准时到达，总喜欢迟到15分钟至半小时，他们把这看成是一种礼节风度。

（5）墨西哥人十分注意言谈举止，一般都表现得端庄文雅。在上流社会，男士往往都会温文尔雅地向女士行吻手礼。

（6）在墨西哥，黄花暗示死亡，红花表示诅咒，紫花是不祥之色，白花则可驱邪。

（7）和朋友告别时，有送一张弓、一支箭或几张象征神灵的剪纸的习惯，以表示他们对朋友的美好祝愿。

（8）墨西哥男子平时习惯戴一种宽檐的大草帽，穿着长条式的方格衬衫，有的还穿着紧身裤；妇女一般爱穿西服上衣和长裙；几乎人人都习惯披着彩色的披肩。

（9）墨西哥人认为蝙蝠是一种吸血鬼，所以他们忌讳蝙蝠图案。忌讳紫色，送礼物忌送手帕和刀剪；忌讳"13"和"星期五"。

（10）墨西哥人为自己的印第安祖先而感到自豪。交谈时，应避免非法移民、偷渡美国等话题。

4. 到巴西应注意的事项

（1）巴西人热情豪放、风趣幽默、慷慨好客。
（2）在重要的政务、商务活动中，宜穿深色西装或套裙。
（3）巴西人对时间和工作都漫不经心，和巴西人打交道，主人不提起工作时，客人不要抢先谈工作。
（4）巴西人特别喜爱孩子，谈话中可以夸奖他的孩子。
（5）在巴西，送鲜花千万不能送紫色的，紫色是死亡的象征。
（6）巴西人喜欢喝咖啡，"OK"手势在巴西是禁止的。
（7）与巴西人交往时，若能使用当地语言会更便利。
（8）交谈时，巴西桑巴舞狂欢节和巴西足球神话都是受欢迎的话题。

5. 到以色列应注意的事项

（1）以色列人举止有度、仪表堂堂、精明稳重。以犹太教为国教，以希伯来语为国语。
（2）衣着整洁、庄重，不喜欢大红大绿，重视头发清洁，讲究发型。
（3）女士传统服装是大袖连衣裙，男士在商务活动时穿深色西服或礼服。
（4）初次见面时行握手礼，进入清真寺之前应当脱鞋。
（5）爱吃西餐，主要副食是牛、羊肉，不吃猪肉、海蜇，用餐时不能大声谈笑。
（6）习惯使用商务名片，客人接到名片后，会认真看完名片并装进名片夹中。
（7）在犹太人居住区禁止拍照，在公共场所禁止吸烟，忌讳深更半夜打电话。

（8）安息日是犹太教每周的休息日，这一天所有商店停业，公共汽车也停止运行。犹太人在安息日不会客。

（9）以色列人视商务合同为合作的基础，合同一经双方同意并签署后，任何一方不得随意违反或更改。

（10）参观犹太教的圣地或教堂，应保持肃静，忌讳一路大声喧哗。

（11）应邀到以色列人家中做客时，应带上小礼品。对服务员应给予10%的小费。

（12）因以色列和阿拉伯诸国纠纷不断，交谈时，忌讳夸奖阿拉伯国家。

6．到俄罗斯应注意的事项

（1）俄罗斯人热情好客、豪爽大方，忌讳别人说他们小气。

（2）俄罗斯人做生意较谨慎，在淡判桌上擅长讨价还价，在生意场上显得有些拖沓。

（3）迎接贵宾时，通常会献上面包和盐；到俄罗斯人家中做客，可以送鲜花、烈性白酒、艺术品或图书，送花要送单不送双，但忌讳数字"13"。

（4）参加俄罗斯人的宴请时，应对菜肴加以称赞，如果俄罗斯人将手放在喉部，表示已经吃饱。

（5）俄罗斯人忌讳别人送钱，很喜爱外国货。

（6）钟爱红色，认为能祛邪，忌讳黑色和黑猫，喜欢数字"7"，喜欢向日葵的图案，忌食狗肉、海参、木耳等食物。

（7）俄罗斯人爱整洁，衣冠楚楚，随便乱扔东西会受到众人的鄙视。

（8）对约会要求准时到达，尊重女性，讲究女士优先。

（9）平时对受尊敬的人或陌生人用"您"，对亲密的人用"你"。

（10）俄罗斯人忌讳打碎镜子，而打碎杯子、碗、盘子、碟子则意味着富贵和幸福。

（11）交谈时，忌讳以历史上的某些有争议的领袖人物、民族纠纷、苏联解体、阿富汗战争等作为话题。

7．到英国应注意的事项

（1）英国人讲究礼仪，性格深沉，习惯轻声细语，讨厌夸夸其谈。

（2）第一次认识时行握手礼；表示赞同与祝贺时，也相互握手。

（3）英国人较保守，注重逻辑，自觉遵守公共秩序，做事按程序、守规矩。

（4）在圣诞节、复活节期间一般不进行商务活动，忌讳就餐时谈工作。在商务交往中，重交情，不刻意追求物质，不斤斤计较，一副大家风范。

（5）和英国人相处要严守时间，遵守诺言。他们讲究穿戴，非常注意个人形象。

（6）忌讳吃狗肉，喜欢喝茶、威士忌，英国人有喝下午茶的习惯。

（7）偏爱蓝色、红色，反感墨绿色，忌讳大象、孔雀等图案，忌讳百合花，忌讳数字"13"。

（8）忌讳当众打喷嚏。和英国人坐着谈话忌讳跷起二郎腿，站着谈话忌讳把手插入口袋。

（9）认为右手的中指和食指构成"V"字形且手背朝着观众是失礼的动作。忌讳用同一根火柴连续给三个人点烟。

（10）英国人饮食有节制，忌讳狼吞虎咽或打饱嗝。

（11）英国人一般不邀请客人到家中聚餐。交谈时，不要涉及王室及北爱尔兰等话题。

英国标志性建筑伦敦大本钟如图8-2所示。

图8-2　伦敦大本钟

8．到德国应注意的事项

（1）德国人素质高，严谨、矜持、勤奋、沉稳。

（2）工作一丝不苟，在社交场合举止庄重，讲究风度。

（3）社会秩序井井有条，德国人严格遵守契约，信守合同。

（4）讲究信誉，合同一旦签订，就不必担心对方违约；订约之后，对交货日期或付款日期要求稍为宽限等变更或解释都会不予理睬。

（5）见面行握手礼，告别时会一而再再而三地行礼，不厌其烦。

（6）第一次见面时，男士至少要穿西装、打领带，女士则要穿套装或者礼服。

（7）穿着整洁，举止得体，喜欢送礼。

（8）对身居要职、有职业头衔和有很高学术造诣的人表示尊重，打招呼时应称呼其头衔，忌直呼其名。

（9）遵守时间，纪律严明，严格地遵守会议议程，注重效率。

（10）对产品质量要求很严，追求质量第一。

（11）德国商人擅长讨价还价，一般让步的幅度在20％以内。

（12）在宴会上，吃鱼用的刀叉不能用来吃别的东西，宜先饮啤酒后饮葡萄酒。

（13）德国人很注重家庭生活，一般不会在晚上与客人见面。

（14）严格遵守交通规则，不随便停车，鄙视闯红灯者。

（15）讨厌红色，送花时忌送"13"和偶数枝花。

（16）给德国人送礼忌送葡萄酒，忌送剪刀、餐刀、餐叉等；也忌给德国女士送香水、玫瑰等物品。

（17）被邀请到德国人家里做客是一种特别的礼遇；交谈时，应避免纳粹、宗教、党派之争等话题。

德国标志性建筑柏林大教堂如图8-3所示。

图 8-3　柏林大教堂

9. 到法国应注意的事项

（1）法国人爽朗热情、浪漫自由，对自己国家的历史、文化抱有强烈的自豪感。

（2）有政府官员参与的商务活动，会使法国商人认为有"面子"，会更加有利于商务活动的进行。

（3）法国人注重礼仪，在社交场合与客人见面时，一般行握手礼。

（4）喜欢在晚餐时约会，用餐时间相当长，喜欢名酒；约会必须事先约定，要求别人准时赴约，但自己经常会迟到。

（5）在法国，有一种非正式的习俗，那就是客人身份越高来得越迟。

（6）坚持在谈判中使用法语，也忌讳别人讲蹩脚的法语。

（7）与法国人订合同时必须慎之又慎，不要急于签约，法国商人经常会在合同签订后还一再要求修改。

（8）在正式场合，法国人通常要穿西装、套裙或连衣裙，颜色多为蓝色、灰色或黑色，质地讲究。

（9）法国人普遍穿戴精致，重视搭配，气质优雅。

（10）爱吃奶酪，善饮葡萄酒，平时爱喝咖啡。用餐时，不允许将两肘支在桌子上。

（11）忌送女士香水、化妆品，也忌送人刀、剑、餐具等物品。

（12）法国人爱花成癖，喜欢秋海棠和兰花，一般不宜将菊花、水仙、康乃馨等送给法国人。

（13）偏爱蓝色，忌讳黄色与墨绿色，忌黑桃、仙鹤图案，忌讳"13"和"星期五"。

（14）法国人有耸肩膀表示高兴的习惯。交谈时，应避免婚姻状况、宗教信仰、个人收入等话题。

法国标志性建筑埃菲尔铁塔如图8-4所示。

图8-4　埃菲尔铁塔

10．到意大利应注意的事项

（1）意大利人热情耿直、开朗健谈。

（2）社交场合注重穿着，举止端庄，懂得尊重他人，尤其尊重女士，女士处处优先。

（3）如果请客人到家里吃饭，那是将其视为上宾，客人可带葡萄酒、鲜花等礼品。

（4）时间观念不强，约会时习惯迟到，认为这样是礼节风度。

（5）在正式场合，男士穿三件套的西服、系领带，女士穿套裙。

（6）在餐桌上，喝汤不能发出声音，汤匙应从里往外舀，吃面条要用叉子卷好送入口中，不可吸出声音。

（7）双方交谈时不可靠得太近，坐时忌跷二郎腿，更不能抖腿。

（8）忌讳菊花和带菊花图案的礼物，忌讳送手帕及十字架形的礼物，忌讳"13"和"星期五"。

（9）流行付小费。就餐时不谈生意，交谈时，应避免个人隐私、宗教信仰、美式橄榄球等话题。

11. 到韩国应注意的事项

（1）韩国人性格刚烈，民族自尊心强，倡导使用国货。

（2）鞠躬是韩国最常见的礼仪，商务会谈时，双方在见面或离去都行鞠躬礼，重视名片的使用。

（3）言谈举止非常尊重长辈，对上司或长辈必奉上座。

（4）酒席上，按年龄、辈分依次就座、斟酒。用餐时晚辈不能先于长辈动筷。

（5）男士通常酒量不错，对烧酒、清酒、啤酒来者不拒；女士平时大都喝茶或咖啡。

（6）用餐时忌讳高谈阔论，饭后被人邀请唱歌时不可拒绝。

（7）韩国人大都珍爱白色，崇拜熊和虎。

（8）喜欢奇数，厌恶数字"4"，不用发音与"死"相似的"私、师、事"等词。

（9）接受韩国人的邀请后，礼节上要回请对方。

（10）酒是送给韩国男士最好的礼品，韩国人接受礼物后不会当场打开。交谈时，可选择韩国文化、体育等话题。

12. 到日本应注意的事项

（1）日本人认真，讲究秩序，以集体为重。

（2）待人接物讲礼貌、重礼节，信奉神道教和佛教。

（3）初次见面要鞠躬行"问候礼"（角度为30度），分别时行"告别礼"（角度为45度），同时谦恭地问候对方。

（4）等级观念重，上下级之间，长辈、晚辈之间界限分明。

（5）在公共场合保持安静是日本社会的常识和规矩。

（6）初次见面，通常都要互换名片，否则即被理解为是不愿与对方交往，谈判时要向日方谈判班子的每一位成员递送名片，不能遗漏。

（7）外出大多穿西服，民间活动时会穿和服。

（8）在通信交往时忌讳邮票倒贴，来往时切忌不拘小节，忌三人合影。

（9）用餐时，一般男子盘腿坐，女子跪坐。喜欢喝茶，讲究"和、敬、清、寂"的茶道精神。

（10）厚爱樱花；反感荷花，荷花多用于丧葬活动；菊花在日本是皇室的标志，不要作为礼物送给日本人。

（11）喜欢白色和黄色，讨厌绿色，忌讳数字"4"与"9"，喜欢奇数，喜欢龟、鹤，不喜欢金色的猫和狐狸。

（12）初次见面时宜送包装精美的小礼品，但不送梳子、圆珠笔、火柴等。礼品包装不扎蝴蝶结。接受礼物时不会当场打开欣赏。

（13）不流行付小费。交谈时，可选择日本文化、旅游等话题。

日本标志性景点富士山如图8-5所示。

图8-5　富士山

13．到印度应注意的事项

（1）印度人性格外向，能歌善舞。

（2）传统见面礼是双手合十（尊崇、祝福之意），对长者双手高举与前额持平，对平辈双手位于颌胸之间，对晚辈双手低位齐于胸前。

（3）现代城市居民见面时多行握手礼，若用左手握手会被视为是对人的不敬和污辱，男子不能和妇女握手，英语是印度的商业语言。

（4）每逢喜庆节日，印度妇女喜欢用朱砂在前额眉心处点圆点以驱灾避邪。

（5）用右手拿食物、礼品和敬茶，不能用左手递接食物。印度人喜素食，印度教徒不吃牛肉，忌讳用牛皮制品。

（6）爱喝奶茶，在公共场合一般禁止饮酒。

（7）进入印度教寺庙和印度人家里时要脱鞋。

（8）孔雀是印度的国鸟，蓝孔雀是幸福的象征，蛇代表吉祥如意。喜欢绿色，忌讳白色。

（9）印度人用摇头表示赞同，用点头表示不同意。不喜欢别人摸自己的头，更不能摸小孩的头。忌讳用澡盆给孩子洗澡。

（10）流行付小费。交谈时，应回避有关宗教矛盾、和巴基斯坦的关系等话题。

印度标志性建筑泰姬陵如图8-6所示。

图 8-6　泰姬陵

14. 到沙特阿拉伯应注意的事项

（1）沙特阿拉伯人热情大方，讲究礼仪，等级观念森严。

（2）"沙特阿拉伯"即为"幸福的沙漠"之意，以伊斯兰教为国教。沙特阿拉伯是阿拉伯世界的领袖国家。

（3）不要用左手和他们握手、替他们拿东西或取食物。

（4）阿拉伯人比较缺乏时间观念，约会常常迟到，不太守时；他们习惯于慢条斯理、悠然自得。

（5）在斋月期间，商务宴请须在日落之后进行，且每天商务活动须暂停五次，以便做祈祷。

（6）不宜单独或长时间地与女士谈话，不许拍照。

（7）收到礼物时，请不要当着他们的面把礼物拆开。与沙特阿拉伯人交往时，不能盯着对方的饰物看，否则他们会摘下来送给你。

（8）进入清真寺或主人家时要脱鞋，忌讳用鞋后跟面对人。

（9）禁吃猪肉，喜欢喝咖啡，谈生意常常约在咖啡馆，忌讳饮酒、吸烟、拍照。

（10）沙特阿拉伯人喜欢蓝色和绿色，忌讳黄色。

（11）交谈时，避免谈论中东政局和国际石油政策。与男士谈话不能主动问及其夫人的情况。

15. 到澳大利亚应注意的事项

（1）澳大利亚人质朴、开朗、热情，乐于同他人交往。

（2）不以门第、等级取人，待人接物很随和。

（3）时间观念很强，约会必须事先联系并准时赴约。做客时最合适的礼物是给女主人带上一束鲜花或给男主人送一瓶葡萄酒。

（4）在进餐和社交场合下不谈论业务，在饭店没有给小费的习惯。

（5）鄙视在公共场所大声喧哗者，对公共场所的噪声极其厌恶。

（6）商务活动宜在每年的3~11月进行，基督教徒有"周日做礼拜"的习惯，应避免在这天和他们商务洽谈。

（7）在商务活动中，澳大利亚商人报价合理，无需过多讨价还价。

（8）乘坐出租车时，习惯与司机并排而坐。

（9）在澳大利亚，妇女相当受尊重，体力劳动者也能受到应有的尊重。

（10）特别喜欢袋鼠。交谈时，避免谈论宗教信仰、控制袋鼠数量等话题，也忌讳别人评论他们与英国、美国的异同。

16．到新西兰应注意的事项

（1）新西兰人性格比较拘谨，见面和告别均行握手礼。

（2）时间观念较强，约会须事先商定，并要准时赴约。

（3）啤酒销售量相当大。应邀到新西兰人家做客，可以给男主人带一瓶威士忌或给女主人带一束鲜花作为礼物。

（4）崇尚平等正义，基本饮食习惯与英国移民大致相同。

（5）当众嚼口香糖或用牙签被认为是不文明的行为，不满大声喧嚷和过分地装腔作势。

（6）新西兰土著毛利族人的传统见面礼节为"碰鼻礼"，即闭双眼、碰前额，以示欢迎，如果客人拒绝，会引发尴尬。

（7）老人备受尊敬，已婚妇女的社会地位高于未婚妇女。

（8）交谈时，避免谈及宗教、种族等话题。

17. 到南非应注意的事项

（1）南非人大胆直爽，交谈时过分委婉或兜圈子是不受欢迎的。

（2）南非人几乎人人都能使用英语、南非荷兰语。

（3）见面行握手礼，对对方的称呼主要是"先生""小姐"或"夫人"。

（4）在迎送客人时，黑人往往会集体出动，他们习惯于以鸵鸟毛或孔雀毛赠送贵宾，客人此刻的得体做法是高高兴兴地将这些珍贵的羽毛插在自己的帽子或头发上。

（5）商务交往时，最好穿样式保守、色彩较深的套装或裙装。

（6）和南非人见面必须事先约定，他们时间观念很强，赴约应准时。

（7）南非黑人爱吃熟食，忌讳猪肉；当地的白人平时以西餐为主。

（8）前往南非黑人家中做客时，好客的主人一般都要送上刚挤的新鲜牛奶或羊奶请客人品尝，客人最好一饮而尽。

（9）在南非不要随便拍照，忌讳"13"和"星期五"。

（10）流行付小费。避免圣诞节或复活节前后前往南非。

（11）南非黑人忌讳别人对他们的祖先言行失敬。交谈时，忌讳的话题有为白人评功摆好、谈论不同黑人部族与派别的关系及矛盾、非议黑人的古老习惯等。

18. 到埃及应注意的事项

（1）埃及人乐观、宽厚，热情好客。

（2）见面行握手礼，送礼或接受礼物时应用双手或右手，绝不可用左手。

（3）行见面礼后，往往会致以问候。"祝你平安""真主保佑你"等，都是常用的问候语。

（4）重视小费，并将其作为日常收入的一部分。

（5）埃及人忌吃猪肉、狗肉，也不爱吃整条鱼和带刺的鱼。

（6）应邀去埃及人家做客时，可事先准备鲜花或巧克力作为礼物。

（7）用餐时，埃及人多用手，但是忌讳用左手取食。埃及人的晚餐经常在22:30以后才开始。忌讳饮酒。

（8）星期五是埃及穆斯林的休息日，进入清真寺必须脱鞋。

（9）最喜爱绿色和白色，讨厌黄色和蓝色。

（10）忌讳别人在他们面前打哈欠、打喷嚏。交谈时，忌讳谈论中东政治问题及有关动物中猪、狗等话题。

埃及标志性建筑金字塔如图8-7所示。

图8-7　金字塔

案例分析

案例一：

1896年，大清帝国直隶总督兼北洋大臣李鸿章访问德国时，受到了"铁血宰相"俾斯麦的盛情款待。俾斯麦摆下丰盛的西餐招待李鸿章，宴会还没有正式开始，也许是李鸿章口太渴，将摆在面前净手钵里用来洗手的水，当成饮料一饮而尽，众人见状大吃一惊，都面面相觑，不知如何是好。

为避免尴尬，俾斯麦也毫不犹豫地将面前的洗手水喝光，见此情形，众人纷纷仿效，尴尬的场面很快又恢复了先前欢乐的气氛。最后，宴请在一片欢笑声中结束。

让别人避免难堪，是最好的修养！

案例二：

1972年，美国总统尼克松访华，当晚周总理设国宴招待全体美国客人。席间军乐队演奏了中美两国民歌，当尼克松听到悠扬的《美丽的亚美尼亚》响起时既惊讶又高兴，因为这是他最喜欢并且是在就任总统典礼上指定演奏的乐曲。敬酒时，他特地来到乐队前表示感谢，并要给他们发奖。

让对方感觉舒适，是礼仪的最高境界！